現代日本の企業分析

企業の実態を知る方法

企業分析研究会 著

新日本出版社

はしがき

　今、世界がグローバル化するなかで、新自由主義の悪影響により極めて深刻な格差社会が登場している。1％の超富裕層と99％のその他の人々の格差は深まり、富の偏在はますます深刻な事態を生じさせている。富裕層は、資本家として直接的あるいはファンドなどを介して間接的に企業の株主となり、膨大な富を所有している。米国型の経営を目指す企業や経営者は、これらの株主のために利益を上げて、株主はその企業の配当（インカムゲイン）や内部留保による株の値上がり益（キャピタルゲイン）などを享受している。これに対して、「労働組合」の組織率が世界的に低下するなかで、企業の従業員の賃金は抑制ないし削減され、特に日本では長時間労働による過労死までが繰り返されている。また、大企業と中小零細企業との格差も解消されるどころか深化している。さらに、このような一連の問題に限らず、さまざまな問題が企業すなわち個別資本を舞台に展開しているのである。

　そこで、我々は、企業に何が起こっているのか、我々の生活と密接に関わっている企業の実態を知らなければならない。その方法の１つが会計情報や非会計情報を駆使して企業の実態を析出する企業分析である。

　本書では、企業を分析するための基本的な考えや方法を取り上げている。その際、連結企業集団としての日産自動車を例に比較的長期に分析する方法を取っている。

　日産自動車を取り上げたのは、日本の大企業であり、日本でいまだに重要な位置を占める自動車産業に属していること、また、国際会計基準（IFRS/IAS）と日本の会計基準とは収斂化してきているが、いまだに多くの上場企業が採用している日本の会計基準を同社が採用していることによる。なお、適時、国際会計基準を採用している本田技研工業や米国の会計基準を採用しているトヨタ自動車も取り上げている。なお、本書では原則として、以下、連結企業集団としての日産自動車、本田技研工業、トヨタ自動車を、それぞれ日産、ホンダ、トヨタと呼ぶことにする。ただし、親会社のみを指す場合は、日産自動車、本田技研工業、トヨタ自動車と呼ぶことにしたい。

長期分析は、企業の実態を把握するために重要な方法である。なぜならば、短期的な分析（1年〜5年程度の分析）では、粉飾や逆粉飾決算などを含めた会計政策の影響を受けて企業の実態を十分に捉えることが難しい。そのため、企業の実態をミスリーディングする可能性が高い。つまり、ナイーブな分析にならざるを得ないのである。これに対して長期分析は、企業の長期的なトレンドを浮き上がらせて分析することで会計政策に対するノイズやバイアスの影響をある程度捨象できる。

　本書の構成では、まず、なぜ企業分析が必要なのか、すなわち、企業の実態を知る必要性とその考えについて基礎的な視点を提示している。次いで、企業分析で活用する会計情報がどのように作成され、その会計情報が要約表示されている財務諸表の構造とその見方について言及している。その後で、成長性分析、収益性分析、損益分岐点分析、安全性分析、内部留保分析、生産性分析と従業員の状況、セグメント情報の分析などの具体的な分析方法を論じている。最後の章では日産自動車以外に、ケース分析として電通の事例を取り上げて分析している。また、特定の課題や情報を提供するために、各所に簡潔なコラムを設けている。

　なお、巻末に資料として日産自動車の『有価証券報告書』から単体の財務諸表を掲載しているので参考にされたい（日産連結財務諸表や製造原価明細書は、本文の図表4―4、図表5―3、図表5―5、図表6―5、図表11―1、コラム3に掲載している）。

　本書は、2016年4月から1年間、雑誌『経済』に連載された入門講座・企業分析に加筆修正を施すとともに、データを新しくつくり替えて新たに執筆したものである。

　末筆であるが、編集作業の労を取っていただいた新日本出版社の角田真己氏にこの場を借りて感謝申し上げる次第である。

2018年3月

代表者　田村八十一

目　次

　　はしがき　3

第1章　なぜ企業分析が必要なのか
　　　　　──企業の実態を知るために　11
　1　企業の実態を知る必要性　11
　2　企業活動の目的と企業分析　12
　3　有価証券報告書と企業分析　17
　4　民主的ルールづくりと企業分析の役割　22
　　コラム1　企業分析の視点からCSRを考える　25

第2章　簿記と会計制度
　　　　　──会計情報はどのように作られるか　27
　1　複式簿記と会計　27
　2　複式簿記から財務諸表への仕組み　29
　3　貸借対照表、損益計算書、キャッシュ・フロー計算書　35
　4　単体財務諸表と連結財務諸表　37
　5　日本の会計制度　40
　　コラム2　会計政策をどのように考えるか　43

第3章　企業グループの概要と沿革の分析　45
　1　企業の概要を分析する──日産・ホンダの概要について　45
　2　沿革を分析する　51
　3　日産とホンダの企業グループと事業系統図　54

第4章　貸借対照表の見方・読み方　59

1　貸借対照表の構造と特質　59
2　貸借対照表の構成要素　63
3　資金留保となる勘定科目　70
4　新しく変化した資産・負債　72
5　企業の貸借対照表を読む　74

第5章　損益計算書の見方・読み方　79

1　損益計算書の基本と利益の計算方法　79
2　損益計算書の仕組み　81
3　包括利益計算書の仕組み　86
4　日産（日本基準適用）の損益計算書と包括利益計算書　87
5　ホンダ（国際会計基準適用）の損益計算書と包括利益計算書　90

　コラム3　製造原価明細書は不要なのか　96

第6章　キャッシュ・フロー計算書の見方・読み方　99

1　キャッシュ・フロー計算書の構造と特質　99
2　日産のキャッシュ・フロー計算書を読む　105
3　日産の連結キャッシュ・フローの推移　110

第7章　成長性の分析　115

1　企業の成長性　115
2　成長性の指標　117
3　日産における成長性の特徴　126
4　だれのための成長か　133

第8章　収益性の分析　137

1　収益性分析とは　137
2　資本利益率　138

 3 総資本経常利益率と自己資本当期純利益率 140
 4 利益増減分析 146
  コラム4 EVA、EBIT、EBITDA 153

第9章　損益分岐点分析　155

 1 損益分岐点分析とは 155
 2 費用の分解 156
 3 損益分岐点図表と損益分岐点売上高 160
 4 損益分岐点比率と安全余裕率 164
  コラム5 トヨタ生産方式をどのように考えるか 168

第10章　安全性の分析　171

 1 安全性の分析とは 171
 2 短期的な支払能力——流動比率、当座比率、現金比率 171
 3 長期的な財務の安定性——自己資本比率、固定比率、固定長期適合率 179
 4 資金繰りの状況——売上債権回転期間、仕入債務回転期間 186

第11章　内部留保の分析　193

 1 利益留保のプロセスと内部留保の分析 193
 2 配当性向と社内留保率及び自己資本配当率 196
 3 全産業の内部留保分析 199

第12章　生産性分析と従業員の状況　203

 1 企業の労働生産性 203
 2 従業員1人当り売上高（価値生産性）と従業員1人当り付加価値（付加価値生産性） 205
 3 付加価値額と労働分配率 207
 4 全産業における付加価値と労働分配率 212

第13章　セグメント情報の分析
——多角化・多国籍企業の分析方法　219
1　企業の多角化と多国籍化　219
2　連結財務諸表とセグメント情報　220
3　日産のセグメント情報　223
4　日産のセグメント情報を読む　227
コラム6　多国籍企業の税負担削減行動とCSR　232

第14章　電通の財務諸表を分析する　235
1　ブラック企業の定義と電通社員の過労自殺　236
2　電通における労働状態と生産性指標　238
3　電通と博報堂DYHDとの経営比較　241
コラム7　東芝の不正会計　246

巻末資料　249

索引　253

執筆担当一覧（五十音順）

内野一樹（立教大学教授）………………コラム3、コラム5
小栗崇資（駒澤大学教授）………………第2章
金子輝雄（青森公立大学教授）…………第13章、コラム6
熊谷重勝（常葉大学教授）………………コラム2、コラム7
鈴木和哉（立教大学兼任講師）…………第10章
髙野学（西南学院大学准教授）…………第8章、第9章
髙橋伸子（国士舘大学教授）……………第4章
田中里美（三重短期大学准教授）………第5章
谷江武士（名城大学名誉教授）…………第11章、第12章、第14章
田村八十一（日本大学教授）＊ …………第1章、第3章、コラム1、コラム4
松田真由美（政治経済研究所主任研究員）…第7章
柳田純也（名城大学教授）………………第6章

＊＝企業分析研究会代表

第1章　なぜ企業分析が必要なのか
　　　——企業の実態を知るために

1　企業の実態を知る必要性

　現代資本主義における企業は、巨大化すればするほど、我々の社会に大きな影響を与える存在となっている。
　たとえば、労働者は、企業に労働力を売り渡すことで生活し、企業の指揮・監督のもと多くの時間を労働に費やさなければならない。しかし、企業は、企業再編や合理化により、従業員に対する賃金削減、雇用破壊、労働強化、時には長時間労働による過労死などをもたらしている。不正会計が明るみになった東芝による業績低迷を理由とした合理化の計画実施（「新生東芝アクションプラン」）、ワタミに代表される「ブラック企業」の横行、電通における従業員の過労死の悲劇など、このような事例は枚挙にいとまがない。
　また消費者は、企業が生み出すさまざまな商品やサービスを購入し、消費する。ところが、森永のヒ素ミルク事件（1955年）、三菱自動車工業のタイヤ脱落事故（2002年）、2010年代初頭のカネボウ化粧品による美白化粧品の「白斑症状」による被害、あるいは1970年代の石油会社の闇カルテルによる不当な価格吊り上げなどに代表されるように、企業によってもたらされた消費者に対する多くの被害が繰り返されている。
　さらに地域住民は、立地する工場や店舗から何らかの影響を受けることになる。東京電力の福島第一原発の放射能汚染事故、チッソが垂れ流した有機水銀による水俣病、クボタのアスベストによる中皮腫の被害、古くは古河工業の足

尾銅山鉱毒事件などは、環境破壊とともに地域住民に深刻な被害を引き起こしている。

日産においても 2017 年に不正検査が発覚して社会問題となった。長年、検査業務を担当した日産の現役の社員によると、「現在の会長のゴーン氏が経営を率いるようになった 2000 年代以降、各工場で合理化が進められ、検査員の数がおよそ 6 割に減ったうえ、1 台の検査を 6 つ程度の工程に分けるなど業務が細分化され、最近は、期間従業員も検査部門で働くようになっていた」という。「人を減らしながら生産性を向上しなければならないという経営側からの要請が現場に来て、本来、不正があってはならない検査の過程で現場なりの"創意工夫"をしてしまったのではないか」と述べており、「不正の背景に経営層が進めてきた効率化や合理化へのプレッシャーがあった可能性」が指摘されている[1]。

このように労働者、消費者、地域住民などの人々にとって企業の実態を知ることは、ますます重要になってきているといえよう。もちろん、これらの人々だけでなく、就職活動や企業研究をする学生、一般株主、取引企業にとっても、企業の実態を知ることは欠かせない。

以上のように現代社会に生きる我々にとって、企業の実態を知り、課題を析出して、我々国民のために企業の方向性を科学的に再構築する手がかりをつかむために、企業分析をする必要性があるといえよう。

2　企業活動の目的と企業分析

(1) 企業活動の目的

我々に影響を与える企業とは、一体どのような性質のものなのであろうか。その手がかりは、企業が個別資本であるということである。個別資本は、社会

---

1) NHK ホームページ［2017.11.8］。

的な総資本を構成する個々の資本（部分）であるが、その本質的な属性からすれば、絶えず利潤を求めて運動するところの増殖する価値である。その属性ゆえに、すなわち企業が資本である限り、何よりも利益の獲得とその蓄積を至上命題としなければならない。そして、資本による利益の獲得と蓄積の強い衝動は、企業間における競争を強いられながらも独占的な企業を目指して、様々な問題を引き起こすことになる。すなわち、利益を蓄積するためには、企業は、材料費などのコストを極力抑えて、できるだけ多く、あるいはできるだけ高く、商品を販売しなければならない。そのために、労働強化を伴った人件費の抑制や人員削減、下請企業の買入部品などの単価切下げ、時には安全を顧みないコストの削減等を貫徹していき、独占価格を設定して、より高くより多く商品を売ろうとするのである。

　個別資本としての企業活動は、企業が作成する財務諸表などの開示資料に断片的ながらも反映される[2]。たとえば、人件費は、損益計算書の給与手当や退職給付費用などとして、あるいは製造原価明細書の労務費として計上される。また売り上げられた商品あるいはサービスは損益計算書に売上高や営業収益として計上され、売れ残った在庫や製造途中にある製品は貸借対照表の資産に商品、仕掛品（しかかりひん）、材料などとして記載されることになる。企業分析は、このような財務データなどを駆使して企業の実態を分析することになる。

　しかし、企業分析において、単に企業の財務数値を分析するだけでは、個別資本である企業の実態に迫ることはできない。これらの財務数値は、現代の経済社会の総体と関連づけて、すなわち個別資本が存立する現代の資本主義経済、産業、企業一般の動態・特質と関係づけて個々の企業を分析する必要がある。また、そのために財務情報以外の情報である非財務情報（経営戦略、販売戦略、経営組織、労務管理などの情報）も駆使して、さまざまな側面からスポットライトを当てて個別資本の実態を分析しなければならない。図表1—1は、そのようなイメージを図にしたものである。増殖する価値である個別資本すなわち特

2）（連結）財務諸表には、（連結）貸借対照表、（連結）損益計算書、（連結）包括利益計算書、（連結）株主資本等変動計算書、（連結）キャッシュ・フロー計算書、（連結）附属明細表などが含まれる。

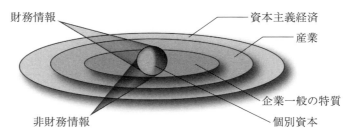

図表1-1 個別資本と経済、産業、企業などとの分析関係

定の企業が真中の球体である。この個別資本は、資本主義経済というプレート、それが属する産業としてのプレート、そして、企業一般の特質というプレートの上に存立している。そして、それぞれが相互に影響しあっているのである。したがって企業を分析するときには、その企業だけを分析するだけでは皮相的な分析にとどまらざるを得ない。さらに、この個別資本を2つのスポットライトで照らしている。1つは会計などの財務情報であり、もう1つは経営戦略や労務管理などの非財務情報である。前者は、定量的な分析であり、後者は定性的な分析となる。その両方を駆使して個別資本に光を当て可視化された情報を用いて分析することになる。

なお、所有関係、人的関係あるいは取引関係を通じて経済的に一体として活動する企業集団（企業グループ）もまた個別資本ということができる[3]。

企業分析では、個別の企業の実態を立体的に浮かび上がらせるために、現代の資本主義経済にかかわって景気、株価、金利、為替の動向などを概観しておく必要がある。また、分析する企業がどのような産業に属しており、どのような位置にあるのか。その産業の特徴はどのようなものであるのか。衰退産業であるか、重厚長大産業なのか、巨額の固定資産を有するような資本集約的な産業なのか、労働集約的な産業なのかなどの産業上の特性を、あらかじめ把握しておかねばならない。

さらに現代の企業一般の特徴も理解しておく必要がある。たとえば、日本の

3）山口［1977］も「個別資本（個々の企業または企業集団）」（14頁）という見解をとっている。

大企業一般の特徴は、株式会社形態をとっており、企業集団または企業グループを形成して、多国籍化、多角化している。また、下請企業を傘下に置いてピラミッド型のヒエラルキー（階層構造）を形成している。労務（サービス残業、配置転換、出向、早期退職、解雇、従業員差別、過労死、「労使協調」など）や組織（事業部制、カンパニー制、金融持株会社、純粋持株会社、事業持株会社、会社分割など）の問題も念頭に置く必要がある。

これらの経済、産業、企業一般の特徴や動態を把握して個別資本である企業を分析しなければ立体的で生き生きとした分析にはならない[4]。

（2）企業分析の基礎的方法

次に実際の企業分析に先立って、企業分析の基礎的な方法について若干確認しておこう。

1）実数分析と比率分析

実数分析は、財務諸表などの実数あるいは金額に基づいて、企業の規模やその変化の程度を分析する方法である。たとえば、売上高、営業利益、経常利益、当期純利益、総資産、総負債、資本、従業員数、生産量などの金額や実数値を把握する。利益増減原因分析や資金分析の方法も基本的には実数の変化に基づいて分析することになる。

この実数分析により、企業規模などを把握できる。一般的な企業の場合は、売上高の大きさで企業規模を判断するが、銀行は資産によって規模を判断する場合が多い。

比率分析は、財務諸表などの実数から比率を計算して分析する方法である。例えば、総資産利益率（ROA: Return on Assets）、自己資本利益率（ROE: Return on Equity）、当座比率、百分比率分析法などがこれにあたる。なお、百分比率分析法とは、ある全体を示す数値（例えば、総資産や売上高）を100％と

4）経済、産業と関連させて分析することについては、大橋［2005］第1章を参照のこと。

して財務諸表などの各数値の構成比を算出し分析する方法である。

　比率分析は、比率によって規模の差を捨象して規模が異なる企業間での比較が可能となる。たとえば、2017年3月期のみずほ銀行と静岡銀行を比較してみよう。みずほ銀行は、連結総資産170兆4,005億円、連結経常利益5,835億円である。静岡銀行は、連結総資産11兆547億円、連結経常利益470億円である。実数分析で両社の金額を比較すると、みずほ銀行は静岡銀行に対して連結総資産で15.4倍、連結経常利益で12.4倍である。みずほ銀行の資産規模や連結経常利益が圧倒的に大きいことがわかる。それでは、比率分析ではどうであろうか。たとえば投下された資産に対してどの程度の利益を得ているのかを見ることができる連結総資産経常利益率（＝連結経常利益÷連結総資産×100）を算出してみると、みずほ銀行0.34％、静岡銀行0.43％となり、静岡銀行の方がみずほ銀行よりも収益性が高く、資本として効率的な経営をしていることがわかる。

2）タイムシリーズ分析とクロスセクション分析

　タイムシリーズ分析は、時系列分析、期間比較法などとも呼ばれ、複数年度の財務諸表などの実数あるいは比率を比較分析する方法である。時系列で分析することによって企業の財務的な傾向ないし特徴を把握できる。特に会計情報は、複数の方法が認められていると、利益を多くする方法や逆に少なくする方法をとることによって短期的に会計政策（会計操作）がしやすくなる。そこで、これらの会計政策の影響を考慮して、少なくとも10年以上の期間を分析する。長期分析により短期的な会計政策の影響を排して、長期的な企業の傾向が見えてくることになる。粉飾決算は、東芝のように比較的長期に及ぶ場合があるが、長期的な傾向までは操作することは難しい。そこで企業の実態を浮かび上がらせるために長期分析が有効なのである。なお、会計政策ないし会計操作の影響を排除する方法として、長期的な分析の他に、会計数値を組み替えて主要な指標について実質的な金額や比率を算出する方法がある。しかし、多くの指標を組み替えて実質的な指標に変換するのは容易にできないので、長期分析が基本的な方法になる。組み替えて実質的な指標を計算する場合は、主要な指標に絞ってこの方法を適用することになる（たとえば、第11章3の実質〔広義〕内部留

保を参照のこと）。

　クロスセクション分析は、経営比較法とも呼ばれる。複数企業の財務諸表などの実数あるいは比率などを比較分析する方法である。2つ以上の企業を比較分析することで分析対象企業の特徴を浮かび上がらせることができる。前述したみずほ銀行と静岡銀行の例は、クロスセクション分析すなわち経営比較法ということになる。同一業種以外の企業同士を比較する場合は、比較が妥当か否かを判断する必要がある。製造業と金融業などは基本的に比較できないことになる。なお、補足的な比較分析としてその企業が属する産業平均などを用いることもできる。

3　有価証券報告書と企業分析

（1）有価証券報告書と内容

　それでは、企業分析をする場合にどのような資料を入手すればいいだろうか。金融商品取引法（旧 証券取引法）に基づいて多くの企業情報が記載されているものに有価証券報告書がある。証券取引所に有価証券を上場している会社、店頭登録している会社および5億円以上の有価証券を発行または売り出した会社は、この有価証券報告書を作成し、開示しなければならない。したがって、多くの大企業は、有価証券報告書を開示しているので、そこから企業のデータを入手して分析できる。有価証券報告書は、今日では、例えば、インターネットを利用して、企業のホームページにあるIR（Investor relations）情報、あるいは「投資家の皆様へ」（投資家情報）の中のIRライブラリーなどのサイトや、金融庁の有価証券報告書等の開示書類に関する電子開示システムのサイトであるEDINET（http://disclosure.edinet-fsa.go.jp）などからダウンロードできる。

　有価証券報告書の大枠は、【表紙】、第一部【企業情報】、第二部【提出会社の保証会社等の情報】で構成されている。第一部は、7項目からなるが、第1【企業の概況】から第5【経理の状況】までが企業分析をするうえで重要な情

報が記載されている。第二部は、一般に企業分析のうえで必要な情報はほとんど記載されていない。なお、【表紙】は、事業年度、会社名、英訳名、本店所在の場所などが記載されている。なお、有価証券報告書とは別に添付される書類として監査報告書、内部統制報告書、確認書がある。

有価証券報告書に記載されている内容は、次ページのようなものである。以下、これらのうち主要な項目の内容について簡単に触れておく。

① 【企業の概況】

【企業の概況】のなかで最初に記載されている【主要な経営指標等の推移】は、連結および単体の5年間の主要な財務数値、財務比率や従業員数が記載されているので概略を概観できる。従業員数は、企業によっては非正規労働者である臨時従業員数を開示している。日産やホンダも、連結と単体の臨時従業員数を開示している。かなり例外的な事例になるが、日産は、親会社に連結子会社を加えた連結臨時従業員数の他に、連結しない子会社（持分法適用非連結子会社）も含めた連結臨時従業員数を明らかにしている。このように自動車会社は、臨時従業員数を開示しているが、ソニー、パナソニックや武田工業薬品などは臨時従業員数を開示していない。

また【企業の概況】には、「事業系統図」が記載されているので連結企業集団の事業系統の概観を把握するのに役立つ。さらに、連結企業集団がどのような子会社や関連会社から形成されているのかは、企業名などが列挙されている【関係会社の状況】で確認できる。この【企業の概況】では、「事業系統図」や【関係会社の状況】の情報を使って、（連結）子会社などの数の把握、どのような事業を子会社などが営んでいるかの多角化や、どのような地域に子会社などがあるかの多国籍化の概要をつかむことができる。日産は、タックスヘイブンであるバミューダに子会社ニッサングローバルリインシュランス社（損害保険業）を所有している。

【従業員の状況】は、事業別の従業員数（企業によっては地域別従業員数や事業別の臨時従業員数も開示されている場合がある）と「労働組合の状況」などの情報が開示されている。しかし、「労働組合の状況」は情報が少なく、少数組合があるにもかかわらず記載されない場合や、訴訟や争議などがあるにもかか

【表紙】
第一部【企業情報】
　　第1【企業の概況】：
　　　　1【主要な経営指標等の推移】
　　　　2【沿革】
　　　　3【事業の内容】
　　　　4【関係会社の状況】
　　　　5【従業員の状況】
　　第2【事業の状況】：
　　　　1【業績等の概要】
　　　　2【生産、受注及び販売の状況】
　　　　3【対処すべき課題】
　　　　4【事業等のリスク】
　　　　5【経営上の重要な契約等】
　　　　6【研究開発活動】
　　　　7【財政状態、経営成績及びキャッシュ・フローの状況の分析】
　　第3【設備の状況】：
　　　　1【設備投資等の概要】
　　　　2【主要な設備の状況】
　　　　3【設備の新設、除却等の計画】
　　第4【提出会社の状況】：
　　　　1【株式等の状況】
　　　　2【自己株式の取得等の状況】
　　　　3【配当政策】
　　　　4【株価の推移】
　　　　5【役員の状況】
　　　　6【コーポレート・ガバナンスの状況等】
　　第5【経理の状況】：
　　　　1【連結財務諸表等】
　　　　2【財務諸表等】
　　第6【提出会社の株式事務の概要】
　　第7【提出会社の参考情報】：
　　　　1【提出会社の親会社等の情報】
　　　　2【その他の参考情報】
第二部【提出会社の保証会社等の情報】

わらず「労使関係は安定しており特記すべき事項はない」などと記載される場合もある。なお、トヨタは、2000年以降「労働組合の状況」を開示していない。【従業員の状況】では、単体すなわち親会社（提出会社）の（正規）従業員の平均年齢（例えば、2017年3月期で日産自動車42.8歳、本田技研工業45.0歳、トヨタ自動車39.0歳）、平均勤続年数（同じく20.2年、23.7年、15.4年）、平均年間給与（同じく約816万円、776万円、852万円）を把握できる。日産自動車は、本田技研工業と比べて平均年齢2.2歳、平均勤続年数3.5年低く、平均年間給与では40万円強高い。この点に限っていえば、日産自動車では本田技研工業よりも長く働けないということがわかる。なお、平均年間給与は、管理職の高額な給与も含まれているので実際の一般従業員の年間給与は平均年間給与より低いことになる。いずれにしろ、平均年齢、平均勤続年数では本田技研工業が最も高く、トヨタ自動車が最も低い。平均年間給与ではその逆となっている。

【沿革】は、きわめて省略された企業の歴史が記載されている。従って、限定的な情報であるということを認識して、多角化、多国籍化、その他（上場時期や提携関係など）の特徴を歴史的に概観するのに役立つ。ただし、企業の歴史を詳細に分析する場合には社史などを活用することが適切である。

② 【事業の状況】

【事業の状況】にある【業績等の概要】は、業績の変動要因などの定性的な情報が記載されている。定量情報として財務数値を分析したときに変化要因などをこの【業績等の概要】を読むことによって、確認できる場合がある。

【生産、受注及び販売の状況】は、会計政策により判断が介在する財務数値に比べて比較的客観的な生産、受注などの物量的な情報も記載されているので、財務数値と合わせて利用できる。

【対処すべき課題】や【事業等のリスク】は、企業側からみたやや一般的な課題やリスクが記載されている。【経営上の重要な契約等】では、他企業との提携関係などを確認することができる。日産自動車では、ダイムラーAG（ドイツ）およびルノー（フランス）と「資本参加を含む戦略的協力に関する提携契約」（2010〔平成22〕年4月7日契約）などを行っていることが記載されている。

【研究開発活動】は、簡単なR&D（研究開発）の内容と金額（2017年3月期で日産4,904億円、ホンダ6,599億円、トヨタ1兆375億円）が掲載されている。日産は、トヨタの約半分弱の研究開発費となっており、3社のなかで最も低い研究開発費にとどまっている。規模の差を捨象して売上高研究開発費比率（＝研究開発費／連結売上高×100）で分析すると日産4.18％、ホンダ4.71％、トヨタ3.76％であり、金額で最も多く研究開発費を投資しているトヨタが最も低いことが明らかになる。企業によっては、ホンダやトヨタのように事業別の研究開発費の金額が開示されている場合もある。

【財政状態、経営成績及びキャッシュ・フローの状況の分析】は、企業による簡潔な財務的な分析を文章にしたものである。その内容が単純であったり、形式的な分析に限定されている傾向があるが、参考として確認しておくことは必要である。

③【設備の状況】

【設備の状況】の【主要な設備の状況】や【設備の新設、除却等の計画】では、親会社や子会社の工場などの所在地、設備の内容、土地や機械装置など設備の内訳と金額、従業員数の概要が主にわかる。これらを時系列に分析していけば、地域の工場、子会社の生産設備や従業員数が増減しているか、再編により地域の雇用が失われているかなどを大まかにつかむことができる。

④【提出会社の状況】

【提出会社の状況】は、有価証券報告書の提出会社である親会社の株価や配当金などの情報が記載されている。日産でいえば、親会社である日産自動車の状況である。そのうち【株式等の状況】では、誰が親会社を支配しているか、すなわち10大株主の名称、住所、所有株式数、所有割合が分析できる。また【役員の状況】では、役名、職名、氏名、略歴、所有株式数などがわかる。かつては役員の最終学歴が開示されていたため、どのような学閥で役員が形成されているかなどがわかったが、1999年度から開示されなくなった。

⑤【経理の状況】

　【経理の状況】では、連結および単体（親会社）の財務諸表が掲載されている。この情報が企業分析で重要なものとなるが、連結や単体の貸借対照表、損益計算書、キャッシュ・フロー計算書（原則、連結のみ）だけではなく、財務諸表の注記や附属明細表も分析する必要がある。特に、国際会計基準（IFRS/IAS）や米国基準を採用している企業の連結貸借対照表や連結損益計算書などは、かなり簡略化されており、注記などで確認しないと十分な内容を分析できなくなっている。

　なお、どのような会計基準を採用しているかは、「監査報告書」の監査意見書や、企業によっては【経理の状況】の冒頭などにも記載されているので、そこで確認できる。

　なお、有価証券報告書を開示していない企業でも、本来、会社法の規定により、株式会社は貸借対照表あるいはその要旨（資本金５億円以上、負債合計200億円以上の株式会社である大会社は、貸借対照表及び損益計算書）を官報、日刊新聞紙、電子公告で公告しなければならない。会社がホームページで電子公告しているときは、インターネットでこれらデータなどを入手できる。

　また、今日では企業のホームページからは有価証券報告書に限らず、決算資料、アニュアルレポート（英文の場合あり）、ファクトブック、CSR報告書（サスティナビリティ報告書、環境報告書）、統合報告書（IR）や製品情報などの財務情報や非財務情報を入手できる場合がある。また、その企業が属する業界団体からさまざまな情報が開示されている場合もあるので、分析の際は確認して活用することが望ましいといえよう。なお、東洋経済新報社の『会社四季報』（非上場会社版もある）で簡略な企業情報を入手できる。

4　民主的ルールづくりと企業分析の役割

　巨大企業は、そのステークホルダー（利害関係者）も多様化して増え、さまざまな人々に影響を与える。そのため労働組合や従業員は、賃上げや労働条件

の改善、労働債権の回収、民主的な企業活動を求めることなどを目的に企業を分析する。消費者は、欠陥商品などの損害賠償の支払能力や適正な製品価格であるかという視点で分析する。債権者（取引企業、銀行など）は、債権の回収可能性や倒産リスクに関心をもっている。株主は、支配株主（大株主）と一般株主ではまったく立場が異なるが、少なくとも両者とも共通するところは投資の判断として企業を分析する。同様に潜在的な投資家も投資の判断として企業を分析することになる。経営者は、経営管理の判断のためや企業買収のために分析する。就職活動をする学生は、労働条件、企業の持続可能性や安全性に関心をもって分析することになるであろう。

しかし、企業分析は、企業や経営者の立場、銀行の立場というように、個々の利害の立場のみが優先するものではなく、全体的・総合的な立場から企業の長期的・安定的な存立を考えるという科学的な内容となっていなければならないといえよう[5]。

これを踏まえて、企業分析の課題は、企業の実態を明らかにすることであるが、それは分析によって企業の「光」と「影」（企業の二重性）を析出して、そこに潜む問題点を発見することにある。例えば、社会的責任投資（SRI）に適うような良質な製品やサービスを社会に提供して、ディーセント・ワーク（人間的な労働）も含めた労働、人権、環境、腐敗防止などに配慮して利益を上げるという企業の「光」の部分を明らかにするだけでなく、欠陥商品や環境汚染、雇用破壊や労働問題、差別、不当な価格の値上げ、粉飾決算などの反社会的な行動を伴って利益を上げる「影」の部分についても分析する必要がある[6]。

また、民主的ルールづくりのために企業分析はさまざまな学問や実践と結びついていくことが重要である。

（参考文献）
大橋英五［2005］『経営分析』大月書店。
NHKホームページ［2017.11.8］「日産不正検査 社員証言 "合理化へプレッシャ

5）大橋［2005］ⅰ頁。
6）田村［2016］126頁。

ーの可能性"」http://www3.nhk.or.jp/news/html/20171108/k10011216101000. html?utm_int=news_contents_news-main_005（アクセス日：2017 年 11 月 8 日）。

小栗崇資・谷江武士編著［2010］『内部留保の経営分析―過剰蓄積の実態と活用』学習の友社。

君塚芳郎・坂口康編著［1974］『経営分析論』日本評論社。

坂口康［1987］『経営分析論』法政大学通信教育部。

谷江武士［2014］『事例でわかるグループ企業の経営分析』中央経済社。

田村八十一［2016］「財務諸表の分析」日本大学会計学研究室編『はじめての会計学（第 5 版）』森山書店、119-127 頁。

成田修身・大橋英五・大西勝明・田中隆雄［1981］『企業分析と会計』学文社。

野村秀和編著［1990］『企業分析』青木書店。

山口孝［1977］『企業分析』新日本出版社。

山口孝・山口不二夫・山口由二［2001］『企業分析（増補版）』白桃書房。

横倉久夫［1996］『企業分析原論』高文堂出版社。

コラム1　企業分析の視点からCSRを考える

　近年、大企業は「経済・環境・社会」の側面から企業情報を開示するCSR報告書などを自主開示している。また、ESG投資も世界で2,500兆円を超えたという。ESGとは、Environment（環境）、Social（社会）、Governance（統治）の頭文字を取った用語で、ESG投資は環境、人権、不正防止などに積極的に取り組んでいる企業に投資するものである。「社会」の側面には、従業員などの情報が含まれる。ただし、日本企業のCSR報告書は、「宣伝」に近い製品情報などやコスト削減に繋がる環境情報が中心で社会や従業員にかかわる情報量は少ない。

　もっともCSR報告書には評価できる点もある。たとえば、① ISO26000やGRI（Global Reporting Initiative）のようなCSR報告書などのガイドラインは企業主導から国連やNGOなどのさまざまなステークホルダー（利害関係者）が関与して設定される動きがでてきている。企業会計制度のように「パブリックコメント」を利用しても特定の専門家、関係省庁や企業だけの関与で実質的にルール設定する方法をとっていないのである。

　②また、かつて有価証券報告書では、単体（親会社）の男女別の従業員数や月額給与などが開示されていたが、連結中心になって性別の情報は開示されなくなった。この性別の情報がCSR報告書などで開示されている場合がある。この情報を用いて、男女の従業員数、勤続年数、給与の差をある程度分析できる。

　もちろんCSRやESGの視点から既存の有価証券報告書を利用することもできる。たとえば売上高単位当りの従業員数を算出して雇用の貢献（破壊）度などを分析できる。ただし、その一方で今日の有価証券報告書は、製造原価明細書が開示されなくなるなど、人件費を把握することが困難になっており、CSRの視点からも問題があるといえよう。

第2章　簿記と会計制度
　　　——会計情報はどのように作られるか

1　複式簿記と会計

　複式簿記とは、企業活動を写し出し会計情報に換えるための独特の記録法のことである。複式簿記によって作られる帳簿は会計情報のデータベースのようなものであり、その帳簿のデータを要約して会計情報を見やすい一覧表にしてまとめたものが財務諸表である。

　複式簿記は今から約800年前にイタリアで誕生したが、財務諸表が作られるようになったのは、株式会社が普及しはじめた約150年ほど前のことである。財務諸表が作られる前は、事業の規模も小さく出資者も少数であったことから、帳簿を関係者に見せ利益を分配することで済んでいた。しかし、多くの出資者（株主）からなる株式会社が生まれ、帳簿の閲覧をすることが難しくなったことから、財務諸表が作られるようになったとされる。財務諸表が作られ、企業から外部の関係者への報告という形がとられるようになった段階を会計という。

　株式会社は株主の出資（資金提供）によって作られるが、当初は会社に投じられた資金を詐欺まがいに乱用する会社も多かったことから、会社法や商法などによって制度的に規制することが求められた。株式会社は法律に基づき設立され運営されることによって、初めて制度として社会に受け入れられるものとなったのである。株式会社は株式会社制度の中で今日、成り立っているといえる。同様に、株式会社とともに生まれた財務諸表も、次第に会社法や商法などによって規制されるようになっていった。今日では外部報告のための財務諸表

図表2—1 簿記（帳簿）と会計（財務諸表）の関係

は、会計制度（法や会計基準等）に基づき作成されるに至っている[1]。

　図表2—1は、企業活動が複式簿記によって帳簿に記録され、さらに帳簿から法や会計基準に基づき財務諸表として作成される過程を示したものである。それは複式簿記だけで足りていた段階から、株式会社の発展によって財務諸表を必要とする会計の段階への歴史的な展開を表してもいる。

　まず企業活動が複式簿記という独特の方法によって写し出され帳簿が作成されるが、この複式簿記の方法は法律などによって定められたものではない。商人の経験から長い期間をかけて誕生した複式簿記は、世界共通に認められた計算技法のような存在となっている。二重帳簿のような不正は別として、企業内部での帳簿にはある程度リアルな資本運動（企業活動）が写し出される。

　他方、帳簿から加工される財務諸表はそれとは異なっている。財務諸表の作成に際しては経営者の意図が入りやすく、場合によっては恣意的に作られることも多い。前者を写像（実態を写し出すこと）、後者を築像（実態とは異なる像をつくること）と呼ぶとすれば、財務諸表は築像的な性質をもっている。すなわち財務諸表は、作成の仕方によって異なる利益額や財産額となることがありえるのである。粉飾はそうした財務諸表の性質を悪用したものである。

　恣意的な財務諸表や粉飾が横行すれば、経済秩序の混乱につながりかねないことから、次第に財務諸表への規制が行われるようになったのが今日の段階である。規制といっても、そこでは企業の利害を反映した方法が制度によって容認される場合もある。会計についての規制は経済政策に大きく影響を受けるといわねばならない。このような要素も含みつつ財務諸表の作成方法は、会計に関するルールによって定められているのである。

　会計に関するルールは、日本では法律と会計基準によって規定されている。株式会社全般の会計については会社法（以前は商法）、上場会社の会計について

1）株式会社と会計制度の関係については、小栗［2014］を参照されたい。

は金融商品取引法（以前は証券取引法）、税金の計算のための会計については法人税法によって規制されるが、実際の会計のルールは法の下での会計基準や諸規則によって定められている。この会計基準が日本基準ではなく国際会計基準へと変化しつつあるのが今日の重要な特徴である。

2 複式簿記から財務諸表への仕組み

複式簿記からどのように財務諸表が作られるかを簡単に見てみよう。

複式簿記の複式とは二重に記入することを意味している。企業は現金をはじめとするさまざまな財産を保有しているが、財産を表示するだけでは不十分である。なぜならば企業の財産は誰からの資金によるものかについての情報が必要となるからである。複式簿記では、現金のような財産がいくらあるかだけでなく、その資金が誰から投入されたものであるかということが記録される。どのように運用されているかは左側に、誰から資金が提供（調達）されたかは右側に示される。左側を借方、右側を貸方という。

企業財産（現金、備品、建物等）＝投入された資金（銀行からの借入、株主の出資等）

同じ資金が、コインの裏表のように「運用される企業財産」という側面と「企業に投入された資金」という側面から二重に記録されるのである。

①複式簿記による記録

例えば、500万円というお金が株主から資本金として企業に投入（出資）され、それが現金という姿で保有されることを示すために、次のように左右に二重に記入される。

現　金　500万円　／　資本金　500万円

複式簿記の基本となる帳簿（総勘定元帳という）ではページごとに異なった項目が記録されるが、この例では現金のページに500万円、資本金のページに500万円が記入される。この500万円という資金を現金と資本金の各ページにそれぞれ記入することが、複式簿記の基本となる。しかし、各ページに直接に記入すると間違い（記入漏れなど）が起きやすいので、上のようにまず左右に並べて記録してから、各ページに記入し直す仕方が行われる（第1段階で左右に並べるのを「仕訳」、第2段階で各項目のページに記入するのを「元帳記入」ないしは「転記」という）。

　同じように、500万円を銀行から借り入れた場合は次のようになる。左の現金は同じだが、右側は借りたお金なので借入金として記録される。

　現　金　500万円　／　借入金　500万円

　複式簿記では、左右を決める規則が重要となる（左側の借方、右側の貸方は複式簿記の歴史的発展から生まれたものである）。企業の財産（資産という）の場合は、左側が増加、右側が減少となる。借金など（負債という）の場合は、反対に財産を減らす項目なので、財産とは逆に、左側が減少、右側が増加となる。資本の出資（資本という）の場合は、左側が減少、右側が増加となる。

　例えば、現金の一部を備品（事務所の机やパソコンなど）に換えた場合は次のようになる。左側は備品という財産の増加を示し、右側は現金の減少を示している。

　備　品　200万円　／　現　金　200万円

　また、資金を増やすために金融投資として他社の株式（有価証券という）を100万円買ったとすれば次のようになる。

　有価証券　100万円　／　現　金　100万円

②貸借対照表の作成

　上の事例を帳簿の形式にすると次のようになる。左右を区分するためにＴ字を使うが、これは複式簿記が誕生した時、帳簿のページを開いた形で左右に記録が行われたことから生まれたとされている（Ｔ字の横棒はページの上の線、縦棒はページの左右を分ける縦の線を意味している）。これらを１つにまとめると簡単な貸借対照表①ができあがる（左右は同じ金額となる）。左側が資産を示し、右側が負債と資本を示す形となる。

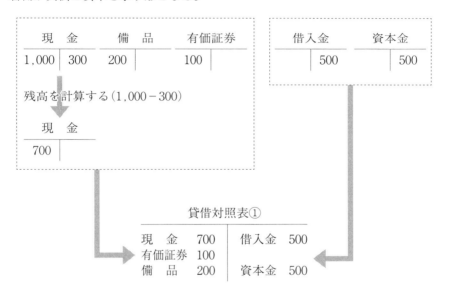

③損益計算書の作成

　次に、この会社がIT関係のコンピュータソフトウェアを制作する企業であるとして、ソフトウェア制作をする労働者と営業を行う労働者を雇い、ソフトウェア販売で収益を上げる事例を見てみたい。手元の現金700万円のうち600万円を、給料500万円と営業費100万円として使い、そうした費用（原価という）を上回る収益（売上高）900万円をソフトウェアの販売で上げたとしよう。費用と収益の関係から利益が計算されるが、それを表すのが損益計算書である。

　損益計算書は、現金などのさまざまな財産が増減した要因を説明する計算書

として作られる。左側が費用を示し、右側が収益を示す形となる。収益と費用の差額が利益となるが、左右を同じ金額にするのが複式簿記の仕方なので、金額が少ない左側に差額としての利益が表示されることになる。

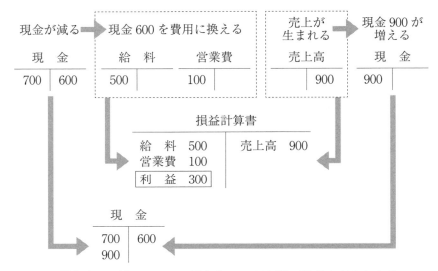

＊現金は600減って、900増えたので300増の残高1,000となる。

そして損益計算書に対応した貸借対照表②を作ると次のようになる。最初の貸借対照表①と比べて、左側の資産（現金）が300増えているので、その分、資本が増えた形で右側に利益が表示される。

貸借対照表②

現　　金	1000	借入金	500
有価証券	100	資本金	500
備　　品	200	利　益	300

こうして損益計算書で計算された利益は、貸借対照表においても表示されるが、これは損益計算書と貸借対照表とが一致（連携）しているからにほかならない。複式簿記によって帳簿に記入が行われ、そこから損益計算書と貸借対照表が作られる仕組みはこのように要約される。中間決算や四半期決算もあるが、

基本的にこうした財務諸表は1年ごとに作成され、有価証券報告書に記載される。期間を区切って利益を計算することを期間損益計算というが、財務諸表は定期的な期間における企業活動の結果（成果）を表す役割を担っているのである。

④実際の財務諸表の重要ポイント

　実際の財務諸表はもう少し複雑となるので、財務諸表を分析するうえで重要な点をいくつか列挙しておこう。

　• 事例では現金の増減で説明したが、実際には信用取引により、売上があっても売掛金や受取手形（数か月後に現金として入ってくることになる債権）となり、また商品や原材料を仕入れた時も買掛金や支払手形（数か月後に現金を支払うことになる債務）となることが多い。そうした項目が貸借対照表の資産や負債に表示されるが、そうした債権・債務の分析が重要となる。したがって事例では利益と現金の金額が一致しているが、実際には、利益と現金の金額は一致せず、かなり大きな差が生じることになる。企業（特に中小企業）によっては、利益は出ていても現金が入ってくるのが遅く、資金不足となって倒産する場合もある。そうした利益と現金との違いを見るために、損益計算書の他にキャッシュ・フロー計算書の作成が現在では上場企業に求められている。

　• 備品など（機械装置や建物）の固定資産は数年間使用されるので、毎年の価値の減少を示すための減価償却が行われる。経済学的には、設備等を示す固定資産の価値の一部を、その使用を通じて製品の方に徐々に移転していくことを減価償却という。会計学的には、固定資産の購入に投じた金額（取得原価という）を使用期間（耐用年数という）にわたって、規則的に減額（会計の用語では配分という）し、減額した分を減価償却費という名称で資産から費用に換えていく（費用に配分していく）のが減価償却である。減価償却費は費用であるが、誰かにお金を支払うわけではないので、結果としては資金が企業内部に留保されていき、設備等が古くなって使用できなくなった時の買い替え資金となっていく。減価償却はこうした資金留保の効果をもたらすのである。ただし、

この効果は、売上高が減価償却費を含む諸費用を上回っていることが条件となる。

　事例の備品200万円を4年間使用可能とすると毎年、50万円ずつ減額される（残額をゼロとして計算）。その場合、年度末の決算では「備品　150万円」となり、減額分は「減価償却費　50万円」として費用に計上される。その結果、利益300万円から50万円が差し引かれ、250万円となる。この50万円は企業外に支払われるものではないので、企業内に留保され、4年間にわたって蓄積される累計200万円は備品の買い替えの資金となるのである。

　減価償却費は金額も大きいので、分析対象として重要である。減価償却の方法や減価償却の進捗度合い、減価償却累計額（毎年の減価償却費の合計額のこと）などについて見ることが必要である。減価償却の方法には主として定額法と定率法があり、減価償却の進捗に差が生じる。定額法は毎期、同じ額を減価償却費とする方法であり、定率法は資産の残高に同じ率を乗じて減価償却費とする方法である。事例では毎期50万円を減価償却する定額法を使用しているが、これを定率法で行うと毎期0.5の率を乗じることになり、1年目は100万円、2年目は25万円、3年目は12万5,000円というように資産が減額されていく。定率法は、加速償却ともいわれ、1年目・2年目で定額法よりも大きな資金を留保できるので、早く買い替え資金を蓄積したい企業に有利な方法であるといえる。企業がどのような資金留保をする会計政策を選択しているかが償却方法に現れているのである。

・事例では貸借対照表と損益計算書の利益は一致しているが、現代の会計では国際会計基準の影響で、さまざまな資産や負債の時価評価が行われるようになってきている。特に金融商品といわれる資産・負債に時価が適用されるので、金融商品（株式や社債、国債など）を多額に保有する企業の財務諸表には時価評価の影響が現れる。事例では有価証券が資産に表示されているが、株価の上昇や配当を目的として長期に保有していると仮定した場合、有価証券（正式には投資有価証券）が値上がりして100万円が120万円になったとき、「投資有価証券　120」とし、評価益20万円は評価差額という名称で貸借対照表貸方に表示される。そうした場合、損益計算書では利益が300万円であるのに、貸借対

照表での利益は評価差額を加えて 320 万円になってしまい、不一致が生じることになる。今日の財務諸表に計上されるさまざまな評価差額（益）は重要な分析ポイントとなる。

こうした現代の財務諸表の構造とその見方については、詳しくは小栗［2014］［2016］などを参照していただきたい[2]。

3　貸借対照表、損益計算書、キャッシュ・フロー計算書

以上を踏まえて、貸借対照表と損益計算書の仕組みを理解しておくことが企業分析において重要である。

貸借対照表は企業の財政状態を表示する計算表で、図表 2―2 のように資産、負債、資本（純資産）からなる（「資本」は近年の日本の会計基準および会社法で「純資産」という名称に変わっている）。資産と負債・資本は同じ資金をコインの

図表 2―2　貸借対照表の基本的な仕組み

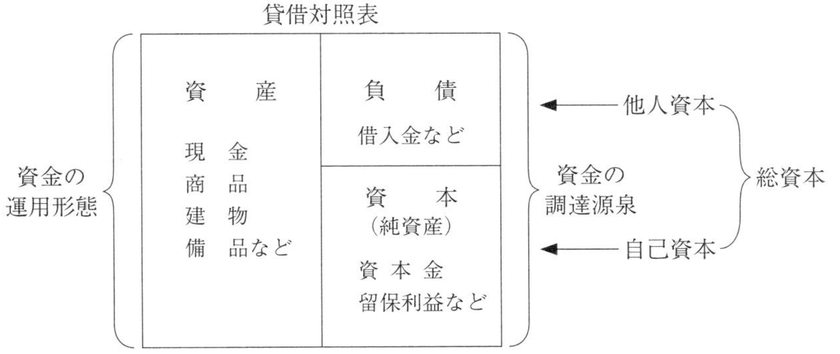

2）財務諸表について知るためにはある程度の会計の知識が必要となる。企業分析に際しては、テキストを手元において財務諸表を読む力を付けていただきたい。

図表2—3　損益計算書の基本的な仕組み

裏表のような関係として表したものである。資産は企業に投下された「資金の運用形態」を表し、負債と資本は企業に入ってくる「資金の調達源泉」を表す（詳しくは第4章を参照）。

　企業にとっては負債となる資金も資本となる資金も、経済学的にはいずれも同じような企業に投入された資金である。経済学から見れば、企業に入ってくる資金はすべて資本とみなされるが、会計学では資金の出所が重要となるので負債と資本に分かれている。しかし企業分析では、負債を「他人資本」、資本を「自己資本」、全体を「総資本」とも呼ぶ。企業分析はある意味で会計学と経済学をつなぐ見方であるといえる。

　損益計算書は、企業の経営成績を表示する計算表で図表2—3のように収益、費用からなっている。費用は「経営の努力」、収益は「経営の成果」を表し、その差し引き計算の差額によって利益を表示するのが損益計算書である。実際の損益計算書は、図のように左右に並ぶ形ではなくタテに収益と費用が並ぶ形となる（詳しくは第5章を参照）。

　この図では基本的に貸借対照表と損益計算書の利益は一致するものとして示している。その場合の利益の計算方法には損益法と財産法があるが、近年、前者は収益費用アプローチ、後者は資産負債アプローチと呼ばれるようになっている。これまでは収益費用アプローチに基づいて財務諸表が作られてきたが、米国会計基準や国際会計基準の影響で資産負債アプローチへと移行してきている。収益費用アプローチのもとでは貸借対照表と損益計算書の利益の一致が図られるが、資産負債アプローチでは資産負債の時価評価を行うので、上述した

図表 2—4　キャッシュ・フロー計算書の基本的な仕組み

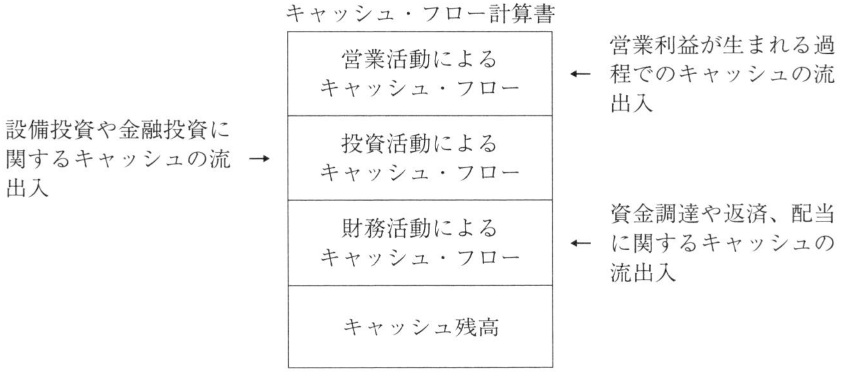

キャッシュ・フロー計算書	
営業活動による キャッシュ・フロー	← 営業利益が生まれる過程でのキャッシュの流出入
投資活動による キャッシュ・フロー	← 設備投資や金融投資に関するキャッシュの流出入
財務活動による キャッシュ・フロー	← 資金調達や返済、配当に関するキャッシュの流出入
キャッシュ残高	

ように不一致となる問題が生じている（その点は次節で説明したい）。

　基本的な財務諸表は、貸借対照表と損益計算書であるが、日本では2000年からキャッシュ・フロー計算書が新たに財務諸表に加えられている。キャッシュ・フロー計算書は、企業に流出入するキャッシュ（現金および現金同等物）の動きと残高を開示する計算表である。キャッシュ・フローは、図表2—4のように営業活動によるもの、投資活動によるもの、財務活動によるものの3つに分かれて表示される。

　キャッシュ・フロー計算書は、損益計算書や貸借対照表における利益からでは把握できないキャッシュの流出入を表示するために第3の財務諸表として導入されたものである（詳しくは第6章を参照）。

4　単体財務諸表と連結財務諸表

　今日の大企業は、そのほとんどが単独の企業ではなく、企業集団（企業グループともいう）を形成し、集団全体で企業活動を展開している。経済学では個別資本と呼ばれるが、企業集団そのものが有機的に統一された個別資本であると見なければならない。

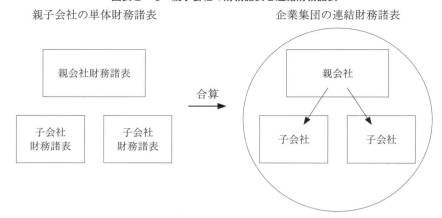

図表2—5　親子会社の財務諸表と連結財務諸表

　財務諸表について見てきたが、財務諸表には個別企業の活動を表示する単体財務諸表（個別財務諸表ともいう）と企業集団の活動を表示する連結財務諸表がある。本書の企業分析では主として企業集団を扱うので、連結財務諸表が分析対象となる。図表2—5のように単体の財務諸表を合算したものが連結財務諸表である[3]。

　連結財務諸表を見る重要なポイントは、連結子会社・関連会社の範囲である。多くの粉飾事件では、親会社の赤字を子会社に移して、連結から外すという手法がしばしばとられた。企業集団の子会社と、会計上、連結される子会社とが一致しない場合が多く存在するのである。

　50％を超える持株か、他の支配手段による支配力がある場合は40％以上の持株の子会社が連結されなければならない。また子会社以外の会社で20％以上の持株か、経営に重要な影響力を与える関係にある場合は、15％以上20％未満の持株の関連会社についても、利益の中の親会社持分に相当する部分が連結されなければならない（資産・負債まで合算する連結と区別して持分法と呼ばれる）。実際にどの程度、子会社が連結されているかについては注意深い分析が必要である。有価証券報告書の第1【企業の概況】の中の「3．事業の内容」

　3）連結財務諸表について詳しくは、小栗［2002］を参照されたい。

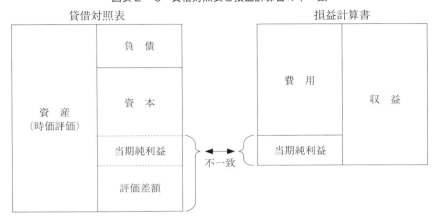

図表2—6 貸借対照表と損益計算書の不一致

および「4. 関係会社の状況」の部分に子会社・関連会社数や親会社との関係（持株比率や役員派遣の状況）が記載されているので、分析の際には見ておかなければならない。

財務諸表の基本的な仕組みは、単体も連結も同じであるが、貸借対照表と損益計算書の関係が異なっている。

単体の場合、前節で述べた時価評価益が損益計算書には表示されず、貸借対照表の資本（純資産）のところに「評価・換算差額等」という名称で表示される。その結果、図表2—6のように損益計算書と貸借対照表の間で、広い意味での利益が一致しなくなる。

それに対して、連結財務諸表では評価差額部分をその他の包括利益と呼び、包括利益計算書という名称の計算書にそれを入れることによって一致を図っている。従来の損益計算書は販売等によって得た利益（実現利益という）のみを表示してきたので、その他の包括利益を入れることになると、その性格は変化せざるをえない。その結果生まれたのが包括利益計算書である。現在、日本では連結にのみ導入されており、単体と連結では表示の仕方が異なるという問題が生じている。図表2—7は、連結貸借対照表と連結包括利益計算書の包括利益が一致する関係を示している。

実際は、多くの企業は包括利益計算書に一本化するのではなく、損益計算書

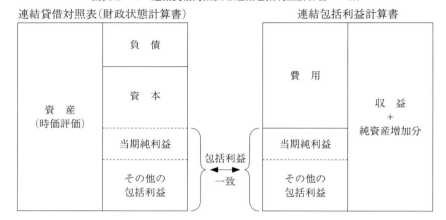

図表2―7　連結貸借対照表と連結包括利益計算書の一致

とその他の包括利益計算書の2段階に分けて表示する方法をとっている。一方、貸借対照表の方も国際会計基準では財政状態計算書という名称への変更がなされている。その点は次章以下で詳しく述べているので参照されたい。

さらに次節で見るように、連結財務諸表は依拠する会計基準によって表示の仕方が異なってくるという問題がある（単体は同じ）。というのは日本では連結については日本基準、米国基準、国際会計基準の3つを選択することができるからである。

5　日本の会計制度

先に述べたように、財務諸表は会計制度に依拠して作成されるので、企業分析に際しては、その企業がどのような会計制度の規定を受けるのか知っておく必要がある。

図表2―8は、日本の重層的で複雑な様相の会計制度について要約したものである。

上場会社約3,600社には金融商品取引法が適用され、連結財務諸表を主、単

図表2—8　日本の会社と会計基準

区　分	会社数	連　結	単体（個別）
上場会社	約3,600社	国際会計基準／米国基準／日本基準	日本基準
金商法開示会社	約1,000社	日本基準	日本基準（簡略化）
会社法大会社	約10,000社	作成義務なし	中小会計指針
会社法中小会社	約250万社	作成義務なし	中小会計要領

出所：財務会計基準機構『非上場会社の会計基準に関する懇談会　報告書』の図をもとに作成。

体財務諸表を従とする開示を行うが、連結財務諸表には、現在は米国基準や国際会計基準を任意に適用することができる。そうでない場合は、連結も単体もともに日本基準に従うことが求められる。日本基準といっても、その内容は、国際会計基準に近いものに2000年前後から徐々に変えられてきており、国際会計基準との統合が進められてきている[4]。それでもなお表示の仕方に違いがあるのが現状であるが、日本基準と国際会計基準の表示の仕方にどのような違いがあるかについては、次章以降で事例を示しているので参照されたい。

　さらに上場会社以外にも金融商品取引法が適用される大企業が約1,000社あるが、それらは連結と単体の双方で日本基準に従うことが求められる。

　それから下はすべて会社法が適用される企業である。会社法では資本金5億円以上または負債総額200億円以上の会社が大会社であり、それ未満は中小会社として区分される。会社法では子会社のある大会社には連結財務諸表が義務づけられるが、それ以外は連結は義務づけられておらず、すべてが単体財務諸表を日本基準に基づいて作成することになっている（日本基準も簡略化したもの

　4）国際会計基準については、小栗・熊谷・陣内・村井編［2003］を参照のこと。

が適用される)。

　大会社の場合は、金融商品取引法適用会社と同じ日本基準に基づくが、中小会社の場合は、大企業並みの基準を適用するのはコストもかさみ適切ではないため中小会社の実態に即した会計が適用されることとなっている。そうしたものとして、「中小企業の会計に関する指針」(「中小会計指針」)と「中小企業の会計に関する基本要領」(「中小会計要領」)の２つがある。「中小会計指針」は大企業の基準を簡略化したもので、比較的規模の大きい中堅会社に適したものである。他方、「中小会計要領」は中小零細企業向けのもので、従来からの会計を基本に踏襲したものである。日本基準は、国際会計基準の影響のもとに時価評価が盛り込まれているが、その目的は投資家のための情報提供にある。上場していない中小会社にとっては、そうした上場会社向けの日本基準に基づく会計は必要とはされないことから、このような中小会社向けの会計が導入されてきているのである。

　企業分析においては、その企業が会計制度上のどの区分に属し、どのような基準によって財務諸表が作成されているかについての確認が前提となる。

(参考文献)
小栗崇資［2002］『アメリカ連結会計生成史論』日本経済評論社。
―――――［2014］『株式会社会計の基本構造』中央経済社。
―――――［2016］『コンパクト財務会計―クイズでつける読む力』中央経済社。
小栗崇資・熊谷重勝・陣内良昭・村井秀樹編［2003］『国際会計基準を考える―変わる会計と経済』大月書店。

コラム2　会計政策をどのように考えるか

　企業は「不正会計」という名の会計政策の悪用からいまだに逃れられないでいる。私的企業による不正会計は、巨大化した資本の集積・集中のもとで広く社会問題に発展せざるをえなくなっている。

　企業はなぜ不正会計という罠(わな)から逃れられないのだろうか。帳簿の利益額を書き換える技術的な会計政策にしろ、その対象である企業活動そのものを変えて利益額を操作する実質的な会計政策にしろ、会計的側面のみから分析したのでは本質の解明につながらない。会計という行為が経営の道具の1つだとすれば、誰が何のために会計政策を実行するかといった会計主体の問題、さらには会社支配の構造からの解明が重要であろう。

　また会計政策の対象となる会計客体すなわち資本構造からの解明も大切である。たとえば銀行からの融資や株主から出資を募るためには利益を大きく見せる欲求が働くだろうし、逆に、労働者に支払う賃金や徴税当局に納める税金を節約するためには利益を小さく見せる欲求が働く。こうした企業を取り巻く人々との経済的利害は、経営者に対して利益操作を強要する動因となる。

　会計政策のありかたも資本構造の発展とともに変化していかざるをえない。かつてみたいに高度成長をとげた時代の会計政策は、巨額の利益額をできるだけ小さく見せる傾向が強かったのに対して、現代みたいに資本構造が高度に証券化した時代の会計政策は、売上が伸び悩むなかで株価や株主資本利益率（ROE）を強く意識した利益極大化の会計政策に向かわざるをえない。利潤を限りなく追求するにしても経営者はおかれた状況のもとで会計政策を展開していかざるをえないのである。

　そして現代のように巨大化した資本においては、「会社それ自体」のための会計政策という体裁が大きな意味をもつことになる。影響力の大きい大株主の意向をそのまま剝(む)き出しに実践したのでは社会の反発を買うことになるから「会社それ自体」のために、あるいは会社員（従業員）のための会計政

策という体裁が世間一般を説得するのに有効となるのである。

　いずれ理性に基づく会計倫理と利益・株価に関わる資本情勢とのはざまで動揺しながら経営者は会計政策を実践していくとしても、それを強要する株主資本の構造、さらには経済情勢の変容との関連から分析することが本質の解明にとって重要となるであろう。

第3章　企業グループの概要と沿革の分析

　前述した有価証券報告書を用いて、さらに具体的な分析に進んでいこう。まずは、財務諸表の構造や成長性や収益性などの分析に入る前に、基本的な企業の概要、沿革、企業グループの状況を分析する。そこで、日本の会計基準を採用している日産を取り上げて、企業分析の皮切りとして企業の概要を一覧表にして分析し、次に沿革の情報を多角化、多国籍化、その他に分類して定性的に分析していこう。さらに日産とホンダの事業系統図を確認して企業グループ（子会社・関連会社）の全体像を把握することにする。なお、その際、会計基準が異なることを念頭において、国際会計基準を採用しているホンダと比較するが、必要に応じて米国基準を採用しているトヨタについても言及する。

1　企業の概要を分析する——日産・ホンダの概要について

　図表3—1は、日産とホンダの2社の概要を両社の『有価証券報告書』（2017年3月期）の情報を用いて一覧表にしたものである。
　第2次世界大戦前の1934（昭和9）年に設立された日産自動車は、戦後の1948（昭和23）年に設立された本田技研工業より14年早く誕生している。なお、トヨタは1937（昭和12）年に設立されており、ホンダを除けば、世界大恐慌の数年後に日本を代表する自動車会社が設立されていたことがわかる（前身の豊田自動織機製作所は、日産設立の翌年度にトラックを販売している）。
　日産は、連結、単体ともに日本基準を採用しているのに対して、ホンダは、連結で国際会計基準、単体で日本基準を採用している。ただし、日産の一部子

図表3—1　2社の概要（2017年3月期）

企業名	日産自動車	本田技研工業
設立	1934年（昭和9年）6月	1948年（昭和23）9月
決算期	3月末	3月末
会計基準　連結	日本基準	国際会計基準
会計基準　単体	日本基準	日本基準
事業内容	自動車及び部品の製造と販売を主な事業内容とし、さらに上記事業における販売活動を支援するために販売金融サービスを行っている。日本・アジア・オセアニア、中国、北米、中南米、欧州、アフリカ・中東・インドの6つの地域による地域管理と研究・開発、購買、生産といった機能軸による地域を越えた活動を有機的に統合した組織（グローバル日産グループ）により運営されている。	二輪車、四輪車、汎用パワープロダクツ及びその他の事業の開発、製造、販売を世界各国で行っている。これらの事業における販売活動をサポートするために、顧客および販売店に対して金融サービス事業を営んでいる。主な生産拠点は、日本、米国、カナダ、メキシコ、英国、トルコ、イタリア、フランス、中国、インド、インドネシア、マレーシア、タイ、ベトナム、アルゼンチン、ブラジルにある。
(1)子会社、関連会社数、(2)連結子会社数・持分法適用会社数、主要な子会社、持分法適用会社名	(1)子会社259社、関連会社47社記載なし、(2)連結子会社193社（日産車体、ジヤトコ、日産フィナンシャルサービスなど）、持分法適用会社47社（日産東京販売ホールディングス、ルノー、三菱自動車工業など）	(1)子会社367社、関連会社75社、(2)連結子会社367社（㈱本田技術研究所、アメリカンホンダモーターカンパニー・インコーポレーテッドなど）、持分法適用会社75社（㈱ショーワ、㈱エフ・シー・シーなど）
役員（会長・社長）	代表取締役取締役会長　カルロス　ゴーン、代表取締役取締役社長　西川　廣人	代表取締役社長　八郷隆弘
上位10大株主[（　）内は持株比率（％）]	①ルノー　エスエイ（常任代理人　株式会社みずほ銀行決済営業部）(43.40) ②ザ チェース マンハッタン バンク エヌエイ ロンドン スペシャル アカウント ナンバーワン（常任代理人　株式会社みずほ銀行決済営業部）(3.37) ③日本トラスティ・サービス信託銀行株式会社（信託口）(2.74) ④日本マスタートラスト信託銀行株式会社（信託口）(2.54) ⑤日本トラスティ・サービス信託銀行株式会社（信託口9）(1.43) ⑥日本生命保険相互会社 (1.28) ⑦日本トラスティ・サービス信託銀行株式会社（信託口5）(1.03) ⑧ジェーピー モルガン チェース バンク 385632（常任代理人　株式会社みずほ銀行決済営業部）(1.00)	①日本トラスティ・サービス信託銀行株式会社（信託口）(7.07) ②日本マスタートラスト信託銀行株式会社（信託口）(5.22) ③モックスレイ・アンド・カンパニー・エルエルシー（常任代理人　株式会社三菱東京UFJ銀行）(3.69) ④明治安田生命保険相互会社（常任代理人　資産管理サービス信託銀行株式会社）(2.83) ⑤ステート ストリート バンク アンド トラスト カンパニー（常任代理人　香港上海銀行）(2.53) ⑥日本トラスティ・サービス信託銀行株式会社（信託口9）(2.21) ⑦ステート ストリート バンク アンド トラスト カンパニー 505223（常任代理人　株式会社みずほ銀行）(2.18) ⑧東京海上日動火災保険株式会社

	⑨ステート ストリート バンク アンド トラスト カンパニー 505234（常任代理人 株式会社みずほ銀行決済営業部）(0.81) ⑩モックスレイ・アンド・カンパニー・エルエルシー（常任代理人 株式会社三井住友銀行）(0.81) 計 (58.40)	(2.06) ⑨株式会社三菱東京UFJ銀行 (2.03) ⑩日本トラスティ・サービス信託銀行株式会社（信託口5）(1.83) 計 (31.62)
連結総資産（百万円）	18,421,008	18,958,123
連結総負債（百万円）	13,253,872	11,388,497
連結資本（純資産）（百万円）	5,167,136	7,569,626
連結売上高（百万円）	11,720,041	13,999,200
連結営業損益（百万円）	742,228	840,711
連結経常損益（百万円）	864,733	―
連結税金調整前純損益（百万円）	965,157	1,006,986
連結当期純損益（百万円）	700,518	679,394
連結従業員数（人）	137,250	211,915
連結臨時従業員数（人）	19,366	33,074
単体総資産（百万円）	5,138,385	2,823,055
単体総負債（百万円）	2,538,002	875,410
単体資本（純資産）（百万円）	2,600,382	1,947,645
単体売上高（百万円）	3,729,335	3,456,118
単体営業損益（百万円）	285,041	36,559
単体経常損益（百万円）	551,995	350,051
単体当期純損益（百万円）	585,951	233,082
単体従業員数（人）	22,209	21,903
単体臨時従業員数（人）	4,398	4,570
労働組合	親会社の従業員：日産自動車労働組合(上部団体：全日本自動車産業労働組合総連合会を通じ、日本労働組合総連合会に加盟)、組合員総数は日産自動車九州㈱を含め25,630名。 国内のグループ各社は大半の企業で会社別労働組合が存在し、全日産・一般業種労働組合連合会を上部団体としている。 海外のグループ各社は、「各国の労働法・労働環境に即して、従業員の労働組合選択の権利を尊重している」。	本田技研労働組合（上部団体：全日本自動車産業労働組合連合会）、組合員数20,211名。

出所：日産自動車［2017］『有価証券報告書』3月期、本田技研工業［2017］『有価証券報告書』3月期より作成。

会社は、国際会計基準を採用している。なお、トヨタは連結で米国基準を採用している。一般に米国基準や国際会計基準を採用している企業でも、単体（親会社）は日本基準を適用している。

事業内容をみると、日産は、自動車及び部品の製造と販売を主な事業内容にしており、自動車の販売を促進するために販売金融サービスを行っている。地域管理と研究・開発、購買、生産を日本・アジア・オセアニア、中国、北米、中南米、欧州、アフリカ・中東・インドの6つの地域に跨って展開しており、国際的な分業と協業がなされていることがわかる。ホンダは、日産と同様の事業内容を有しているが、さらに二輪車の事業を展開している点が、日産と異なるところである。なお、トヨタは自動車や金融事業以外に、住宅、情報通信事業などに進出している。これら事業において、日産は、子会社259社、関連会社47社であり、そのうち日産車体、ジヤトコ、日産フィナンシャルサービスなどの連結子会社193社で、日産東京販売ホールディングス、ルノー、三菱自動車工業などの持分法適用会社47社となっている。したがって、日産は、すべての子会社、関連会社を連結ないし持分法適用しているわけではないことがわかる。ホンダは、子会社367社、関連会社75社であり、そのうち本田技術研究所、ホンダファイナンス、アメリカンホンダモーターカンパニー・インコーポレーテッドなどの連結子会社367社、ショーワ、エフ・シー・シーなどの持分法適用会社75社ですべての会社が連結ないし持分法適用されている。

なお、トヨタは、日野自動車、トヨタ自動車九州、ダイハツ工業、トヨタファイナンシャルサービスなどを含めた子会社597社、デンソー、トヨタ自動織機、アイシン精機などの関連会社200社を擁しており、その子会社はすべて連結されているが、持分法適用会社は54社にとどまっている。日産の連結子会社数は、トヨタの3割強、持分法適用会社数で9割弱程度となっている。

日産の経営トップはカルロス・ゴーン氏が会長、西川廣人氏が社長となっているが、ホンダは社長の八郷隆弘氏がトップで、会長を置いていない。なお、トヨタは創業者の親族である豊田章男氏が社長であり、日産とトヨタの企業文化の違いがわかる。

大株主をみると日産は、外資であるルノーエスエイが43.40％を占めており、日産は、ルノーに実質的に支配されていることがわかる。ルノーエスエイの他

に日本生命や信託銀行などが入っている10大株主の持株比率計は、約60％にも上る。これに対してホンダの10大株主は、信託銀行や保険会社である明治安田生命、東京海上日動火災保険が入っている点は同じだが、この他に都市銀行である三菱東京UFJ銀行が入っている点が異なる。ホンダの10大株主の持株比率計は、31.62％であり、日産の約半分となっている。

なお、トヨタの10大株主は、信託銀行などの他に関連会社である豊田自動織機やデンソー、日本生命保険、三井住友海上火災という保険会社が占めており、10大株主の持株比率計は日産より低く約39.57％である。

各社ともいわゆる外資系のファンドないし金融機関が10大株主に入っている。

1990年代初頭のバブル経済崩壊前まで、銀行を中心に社長会を形成して、資本関係、人的関係、取引関係で結びついていた6大企業集団に支配されていた日本経済は、その後、バブル経済の崩壊や経済のグローバル化により銀行は不良債権とBIS（国際決済銀行）の自己資本比率規制を抱えて相互持合の株式を放出して相互持合が解消されていき、6大企業集団は解体ないし溶解することになった。かつての大企業の10大株主は、この相互持合により銀行、保険、さらに各企業集団の事業会社（系列企業）が占めていた。しかし、今日では、保険会社や銀行が若干顔を出す程度で、日産やトヨタにも見られるように、信託銀行や外資系ファンドが日本の大企業の10大株主としてあらわれるようになっている。なお、かつて日産は芙蓉系、日産の傘下に入った三菱自動車工業は三菱系、トヨタ自動車は三井系、トヨタ自動車の子会社になったダイハツは三和系の企業集団に属していた。ホンダは、6大企業集団に入っていなかった。

連結総資産は、日産18.4兆円、ホンダ、トヨタ約18.9兆円であり、日産とホンダは、ほぼ同じ程度の資産を有している。連結売上高は、日産約11.7兆円弱、ホンダ約14兆円で、ホンダは、日産の1.2倍の規模である。本業の利益である連結営業利益は、日産7,422億円、ホンダ8,407億円で日産よりホンダが大きく、日産はホンダの9割ほどとなっている。しかし、連結当期純利益は、日産7,005億円、ホンダ6,793億円で、日産は、この段階ではホンダより1.03倍ほど大きくなっている。

その他に連結総負債は、日産13.2兆円弱、ホンダ11.3兆円であり、日産は

ホンダの約1.2倍である。連結資本（純資産）は、日産5億円強、ホンダ約7.5兆円で、日産はホンダの7割程度となっている。連結従業員数は、日産13.7万人、ホンダ約21.2万人で、同じく6割5分であり、連結臨時従業員数は、日産2万人弱、ホンダ約3万3,000人で、同じく6割程度となっている。

　総じて、連結では、両者は資産の大きさはほぼ同じだが、日産はホンダよりも資本が少なく、負債が大きい。売上高の規模や営業利益のレベルではホンダが金額的に勝っているが、当期純利益のレベルでは逆転している。連結の従業員と臨時従業員数でホンダは、日産のそれぞれ1.5倍、1.7倍と臨時従業員数の倍率が日産よりもホンダが高く、ホンダが非正規労働者を活用していることがわかる。

　単体総資産は、日産約5.1兆円、ホンダ約2.8兆円であり、日産はホンダの約1.8倍の資産を有している。単体総負債は、日産約2.5兆円であり、ホンダ約8,754兆円、同じく3倍である。単体純資産は、日産約2.6億円、ホンダ約1.9兆円で、同じく1.3倍である。単体売上高は、日産約3.7兆円、ホンダ約3.4兆円で、同じく約1.1倍である。単体営業利益は、日産2,850億円、ホンダ365億円で、同じく約8倍であり、ホンダが本業で日産に大きく差をつけられている。単体経常利益は、日産5,519億円、ホンダ3,500億円、同じく1.6倍である。単体当期純利益は、日産5,859億円、ホンダ2,330億円で、同じく2.5倍となっている。その他に従業員数は、日産2万2,000人強、ホンダ2万2,000人弱で、ほぼ同じ人数であり、臨時従業員数は、日産4,400人弱、ホンダ4,500人強で、ホンダが1.04倍ほど大きい。

　単体では、資産、負債で日産がホンダを2～3倍上回っている。資本も同じく3割ほど上回っているが、売上高は、ほぼ同規模である。しかし、本業の利益では、ホンダの不振により、この期の日産の業績がホンダに比べて良いことがわかる。

2　沿革を分析する

　沿革の情報を用いて、定性的な面で、①多角化、②多国籍化、③その他（上場や店頭取引、合併、提携、新製品の開発など）の時期や特徴を把握しておく必要がある。ここでは図表3―2でホンダの沿革を示しておく。なお、日産については、第13章の図表13―1を参照されたい。
　日産自動車とホンダの設立については、前述した通りであるが、沿革で確認する限り、(1)多角化では、日産は、1970年代にマリーン事業に進出している。なお、2000年に宇宙航空事業を譲渡しているので、かつては宇宙航空事業に進出していたことがわかる。ホンダは、1946年に創業者の本田宗一郎が前身の本田技術研究所を開設、内燃機関および各種工作機械の製造ならびに研究に従事したことに始まる。1949年に二輪車生産を開始し、1952年に汎用パワープロダクツの生産を開始している。四輪車の生産は1963年に開始された。ホンダの場合は、比較的、二輪車や四輪車などの周辺事業を中心に事業を行っている。ただし、1999年には、ホンダクレジットを設立して金融に進出している。
　なお、トヨタは1940年代に豊田製鋼（1949年、現・愛知製鋼）や日新通商（1949年、現・豊田通商）を設立して多角化している。1950年代には東和不動産（1953年）を設立し、さらに1970年代後半に店舗用住宅（1975年）、個人用住宅（1977年）に進出、経済の金融化・サービス化のなかで1980年代以降に金融に進出している。また、1990年代後半に日本移動通信を子会社化（1998年）したが、2000年に第二電電との合併により子会社から除外している。また2010年に住宅事業をトヨタホームに継承しており、近年、情報や住宅の子会社や事業の再編を行っている。
　(2)多国籍化では、日産は、1950年代後半に対米輸出を開始して、1960年代にトヨタよりも遅れて米国に、またメキシコに進出する。1980年代にはスペイン、英国などヨーロッパに進出する。2000年代に中国に進出している。さ

図表3―2　ホンダの沿革（多角化、多国籍化、その他）

多角化	1949年8月	二輪車生産開始
	1952年9月	汎用パワープロダクツ生産開始
	1963年6月	四輪車生産開始
	1970年12月	真岡工場（2014年4月より　パワートレインユニット製造部）稼動開始
	1999年4月	東京都に株式会社ホンダクレジット（2002年7月より　株式会社ホンダファイナンス）を設立
多国籍化	1959年6月	米国にアメリカンホンダモーターカンパニー・インコーポレーテッドを設立
	1959年6月	米国にアメリカンホンダモーターカンパニー・インコーポレーテッドを設立
	1964年10月	タイにアジアホンダモーターカンパニー・リミテッドを設立
	1969年3月	カナダにホンダカナダ・インコーポレーテッドを設立
	1971年10月	ブラジルにホンダモーター・ド・ブラジル・リミターダ（2000年4月よりホンダサウスアメリカ・リミターダ）を設立
	1975年7月	ブラジルにモトホンダ・ダ・アマゾニア・リミターダを設立
	1978年3月	米国にホンダオブアメリカマニュファクチュアリング・インコーポレーテッドを設立
	1978年8月	アルゼンチンにホンダモトール・デ・アルヘンティーナ・エス・エーを設立
	1980年2月	米国にアメリカンホンダファイナンス・コーポレーションを設立
	1985年2月	英国にホンダオブザユー・ケー・マニュファクチュアリング・リミテッドを設立
	1985年9月	メキシコにホンダ・デ・メキシコ・エス・エー・デ・シー・ブイを設立
	1987年1月	カナダにホンダカナダファイナンス・インコーポレーテッドを設立
	1987年3月	米国に北米子会社事業の統轄機能を有するホンダノースアメリカ・インコーポレーテッドを設立
	1989年8月	英国に欧州子会社事業の統轄機能を有するホンダモーターヨーロッパ・リミテッドを設立
	1992年7月	タイにホンダカーズマニュファクチュアリング（タイランド）カンパニー・リミテッド（2000年12月より　ホンダオートモービル（タイランド）カンパニー・リミテッド）を設立
	1996年5月	アジアホンダモーターカンパニー・リミテッドにアセアン子会社事業の統轄機能を設置
	1996年5月	ブラジルにホンダオートモーベイス・ド・ブラジル・リミターダを設立
	1999年12月	米国にホンダマニュファクチュアリングオブアラバマ・エル・エル・シーを設立
	2000年4月	ホンダサウスアメリカ・リミターダに南米子会社事業の統轄機能を設置
	2004年1月	中国に中国事業の統轄機能を有する本田技研工業（中国）投資有限公司を設立
その他	1946年10月	本田宗一郎が静岡県浜松市に本田技術研究所を開設、内燃機関および各種工作機械の製造ならびに研究に従事
	1948年9月	本田技術研究所を継承して本田技研工業株式会社を設立
	1952年4月	本社を東京都に移転
	1957年12月	株式を東京証券取引所に上場
	1977年2月	ADR（米国預託証券）をニューヨーク証券取引所に上場

出所：本田技研工業［2017］『有価証券報告書』3月期より作成。

らに 2010 年代初頭にはインドに進出している。ホンダは、1959 年に米国に現地法人を設立している。1964 年にタイに、1969 年にカナダ、1970 年代にはブラジルに進出している。1985 年に英国に現地法人を設立しているが、現地生産による貿易摩擦回避のために 1970 年代後半から 1980 年代にかけて英国や北米に展開している。さらに 1990 年代にタイや南米に展開するとともに、経済のグローバル化のなかで 2004 年には中国に進出している。

なお、トヨタは既に 1940 年代に米国に進出した。1980 年代にオーストラリアに進出し、やはり貿易摩擦を回避するために米国では GM との合弁会社を設立するとともに英国にも進出している。2000 年代には、グローバル化への対応としてプジョーシトロエンとの合弁でチェコに進出するとともに日産やホンダと同じく中国に進出している。

(3)その他として日産は、トヨタに 3 年遅れて 1952 年に東京証券取引所に上場する。1960 年代にはプリンス自動車と合併したが、1995 年以降、座間、村山工場を生産中止にするなど不振が続いた。そのため 1999 年にルノーと資本参加を含む提携をすることで、2002 年にルノーが日産自動社株式保有率 44.4％となり、共同運営会社を設立している。さらに 2010 年にダイムラー AG と資本参加を含む戦略的協力に関する提携を行っている。これに対してホンダは、遅れて 1957 年に東京証券取引所に上場している。さらに 1977 年にニューヨーク証券取引所に上場している。ホンダは、国際会計基準を採用する前は、ニューヨーク証券取引所に上場しているトヨタと同じく米国基準を採用していた。

なお、トヨタは、1949 年に東京証券取引所が開設されたと同時に上場して日産よりいち早く資金調達を行っている。1960 年代に業務提携していた日野自動車やダイハツ自動車を 1990 年代後半に子会社化しており、ハイブリッド車だけでなく EV 車も視野に入れて 2000 年代に富士重工と業務提携をしている。

3 日産とホンダの企業グループと事業系統図

(1) 日産の事業系統図

　図表3―3と図表3―4は、日産とホンダの事業系統図である。事業系統図は、企業によって形式が異なるが、これによっておおよその企業グループの概要ないしイメージをつかむことができる。

　図表3―3によると日産自動車が各事業の資源配分と事業管理を行いつつ、前述のように6つの地域のマネジメント・コミッティによる地域管理を実施している。また研究・開発、購買、生産は、地域を越えて運営されている。

　「販売・マーケティング」の重点は、日本・アジア・オセアニア、中国、北米、アフリカ・中東・インドとなっている。中南米と欧州に重要な拠点はない。国内の販売を主に担っているのが神奈川日産自動車、日産自動車販売である。海外販売はアセアン地域における統括、業務支援並びに自動車及び部品・販売を担っているアジア・パシフィック日産自動車のほか、中国の裕隆日産汽車股份有限公司、北米のカナダ日産自動車会社、中東のドバイにある中東日産会社が主力となっている。

　「生産・物流」では、国内に主に部品製造会社である日産車体、日産自動車九州、愛知機械工業、ジヤトコなどを擁しており、海外では車両製造に主力を置く英国日産自動車製造会社のほか、タイ日産自動車やインドネシア日産自動車などの車両製造と販売会社が配置されていることがわかる。

　「販売金融」では、日本・アジア・オセアニアと北米の2地域に小売金融・卸売金融・自動車賃貸を行う日産フィナンシャルサービスと米国日産販売金融会社を配置している。

　以上のように日産では企業集団内で国際分業を実施していることがわかる。なお、支配企業であるルノーは日産の持分法適用会社となっている。

　この事業系統図で「部品・素材・サービスサプライヤー」とあるところが、

図表3-3 日産の事業系統図

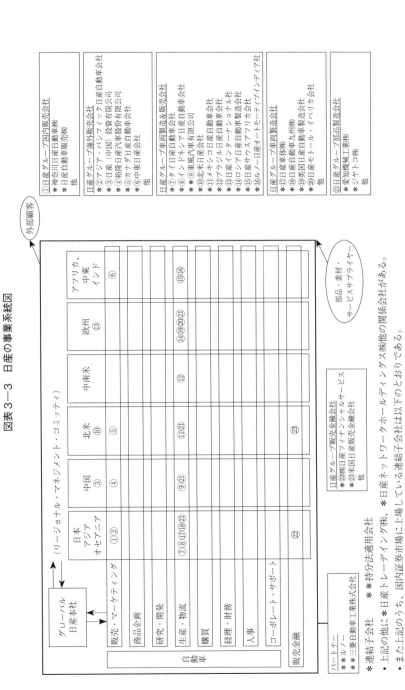

図表３―４　ホンダの事業系統図

二輪	四輪	汎用その他	研究開発会社
●	●	●	○㈱本田技術研究所
●	●	●	○ホンダエンジニアリング㈱
		●	○ホンダエアクラフトカンパニー・エル・エル・シー
●	●	●	○ホンダアールアンドディアメリカズ・インコーポレーテッド
	●		○ホンダアールアンドディヨーロッパ（ユー・ケー）・リミテッド
	●		○ホンダアールアンドディアジアパシフィックカンパニー・リミテッド

二輪	四輪	汎用その他	生産会社
●	●	●	☆㈱ショーワ
●	●	●	☆㈱ケーヒン
●	●		☆テイ・エス・テック㈱
●	●	●	☆㈱エフ・シー・シー
●	●		☆日信工業㈱
●	●	●	☆㈱エイチワン
●	●	●	☆武蔵精密工業㈱
●	●		☆㈱エフテック
	●		☆㈱ジーテクト
		●	○ホンダエアロ・インコーポレーテッド
	●		○ホンダオブアメリカマニュファクチュアリング・インコーポレーテッド
		●	○ホンダエアクラフトカンパニー・エル・エル・シー
	●		○ホンダマニュファクチュアリングオブアラバマ・エル・エル・シー
	●		○ホンダマニュファクチュアリングオブインディアナ・エル・エル・シー
	●		○ホンダトランスミッションマニュファクチュアリングオブアメリカ・インコーポレーテッド

当社

二輪	四輪	汎用その他	販売会社
●		●	○㈱ホンダモーターサイクルジャパン
	●		○㈱ホンダカーズ東京中央
●		●	○北海道ホンダ販売㈱
●	●	●	○アメリカンホンダモーターカンパニー・インコーポレーテッド
		●	○ホンダエアクラフトカンパニー・エル・エル・シー
●	●	●	○ホンダカナダ・インコーポレーテッド
●	●	●	○ホンダ・デ・メキシコ・エス・エー・デ・シー・ブイ
●	●	●	○ホンダモーターヨーロッパ・リミテッド
●	●		○ホンダターキー・エー・エス
●	●		○本田技研工業（中国）投資有限公司
●			○ホンダモーターサイクルアンドスクーターインディアプライベート・リミテッド
	●		○ホンダカーズインディア・リミテッド
	●		○ピー・ティ・ホンダプロスペクトモーター
	●		○ホンダ・マレーシア・エスディーエヌ・ピーエイチディー
●	●		○台湾本田股份有限公司
●	●	●	○アジアホンダモーターカンパニー・リミテッド
	●		○ホンダオートモービル（タイランド）カンパニー・リミテッド

外部顧客

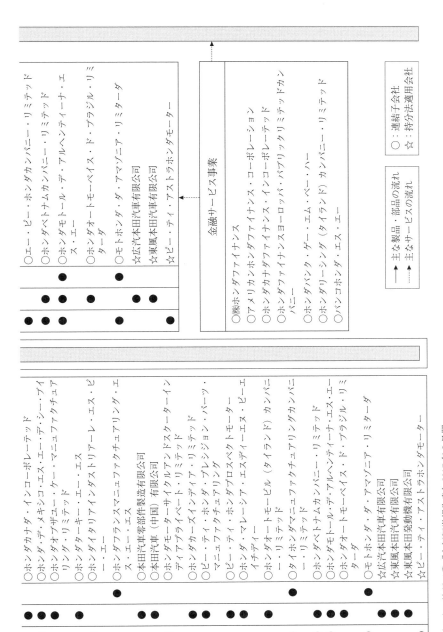

出所：本田技研工業『有価証券報告書』2017年3月期。

下請企業になるが、基本的にこれら中小零細企業は、資本関係や人的関係というよりも取引関係を中心に支配されているため連結財務諸表の範囲外となる。

（2）ホンダの事業系統図

　図表3—4のホンダの事業系統図を見ると、ホンダでは、二輪事業、四輪事業、汎用パワープロダクツ事業及びその他の事業について、国内外の研究開発会社が親会社である本田技研工業に研究開発を提供し、国内外の生産会社が製品及び部品を親会社を経由して販売するか、直接、販売会社に販売するかたちとなっている。また、販売会社に金融サービス事業がサービスを提供して自動車等の販売を促進している。汎用パワープロダクツ事業及びその他の事業は、相手先ブランド（OEM: Original Equipment Manufacturer）向けエンジン、除雪機、発電機、航空機及び航空機エンジンなどを手掛けている。特に他の大手自動車企業に対して、二輪事業を有しているのがホンダの特徴といえる。

　研究開発は日本、米国、英国などの先進国で担われており、その他の生産、販売、金融は、日本、北米、欧州、アジア、さらにブラジルやアルゼンチンなどの南米にもそれぞれ拠点を有している。日産と同じく企業集団内で国際分業がなされていることがわかる。

　なお、ホンダは、研究開発会社、生産会社、販売会社のそれぞれで債務超過会社を抱えている。航空機を手掛ける米国のホンダエアクラフトカンパニー・エル・エル・シー（製品の研究開発、製造および販売）は、2017年3月期に599億円の債務超過となっている。また、航空機エンジンなどの部品製造の生産会社である米国のホンダエアロ・インコーポレーテッドも193億円の債務超過会社であり、販売会社である英国のホンダモーターヨーロッパ・リミテッドも248億円の債務超過会社となっている。ホンダは、地域でいうと米国と英国で債務超過会社を抱えていることになる。

第4章　貸借対照表の見方・読み方

　本章では、貸借対照表の見方・読み方を検討していきたい。企業の財政状態をあらわす貸借対照表は、企業における資金の調達と運用を示しており、その構造を理解することが重要となる。

　以下では、貸借対照表を構成する資産、負債、資本の関係と内容、その評価基準を説明したうえで、日産自動車が公表している連結貸借対照表を分析していきたい。

1　貸借対照表の構造と特質

　ここでは、貸借対照表の基本的な仕組みを検討してみたい。第2章において示した図表2―2を思い出してほしい。

　貸借対照表は、第2章で説明したように調達と運用の各合計額は必ず一致することになる。そのため、これらの3つの要素の間では、「資産＝負債＋資本（純資産）」という等式の関係が成り立つ。これを貸借対照表等式という。

（1）貸借対照表の区分と配列

　資産、負債、資本（純資産）の勘定科目の並べ方には、一定のルールがある。
　連結貸借対照表の基本構造を示せば図表4―1の通りとなる。日本基準による資産の部は、流動資産、固定資産、繰延資産に大別され、固定資産は、有形固定資産、無形固定資産、投資その他の資産に分けられる。負債の部は流動負

図表4—1　連結貸借対照表の基本構造

資産	流動資産		負債	流動負債	
				固定負債	
	固定資産	有形固定資産	純資産	株主資本	資本金
					資本剰余金
		無形固定資産			利益剰余金
					自己株式
		投資その他の資産		その他の包括利益累計額	
				新株予約権	
	繰延資産			非支配株主持分	

債、固定負債に分けられ、資本（純資産）は株主資本、その他の包括利益累計額、新株予約権、非支配株主持分に区分される。

　このように区分される資産、負債の各部の勘定科目の配列の仕方については、「流動性配列法」と「固定性配列法」の2つの方法がある。ここで基準となるのが流動性の度合いであるが、資産の換金性（現金化のしやすさ）の度合いや負債の返済期間の程度を意味している。「流動性配列法」とは、資産については流動性の高い科目から、また負債については返済期間の短い科目から順次配列する方法であり、一般的な配列法となっている。もう1つの配列法である「固定性配列法」は、資産は換金性が低く固定性が高い科目から、負債は返済期間の長い科目から、順に配列する方法であり、固定資産の多い電力会社、鉄道会社等で採用されている。

　資産と負債を流動と固定に区分する基準には、「正常営業循環基準」と「1年基準」（ワン・イヤー・ルール）がある。企業の営業活動（営業は本業の意味）においては、現金→仕入→製造→在庫→販売→回収→現金のサイクル（営業循環）が繰り返されるが、正常営業循環基準は、企業の営業サイクルの中にある資産、負債を流動資産、流動負債とし、それ以外のものを固定資産、固定負債として区分するものである。また、1年基準は、1年以内に現金として回収さ

れるかまたは費用化するものを流動資産、1年を超えるものを固定資産に区分し、1年以内に返済期限が到来するものを流動負債、支払い期限が1年を超えるものを固定負債に区分するものである。実務上では、基本的に正常営業循環基準を適用し、補完的に1年基準を適用し、資産、負債の流動と固定の区分を行っている。この区分を理解しておくことは、安全性の分析をする際に重要である。

このように貸借対照表を構成する要素とそれぞれに属する勘定科目は、一定のルールに従って一覧表示されているのである。

（2）評価基準

損益計算書が一定期間の情報であるのに対して、貸借対照表は、一時点の情報であるが、貸借対照表に表示されている科目の中には、時間の流れの中でその金銭価値が変わるものがある。たとえば、資産である有価証券や土地などは、経済社会の状況を反映して変動する。貸借対照表で示される財貨や債権の金額について、どのような評価基準が採用されるかは重要な問題である。なぜならば会計上の利益を左右するからである。

資産の評価基準は、取得した際の取引価額である「取得原価」と、貸借対照表を作成した決算時点の価額である「時価」に大きく分けられる。時価は実際に市場で取引されている価額であるが、市場での取引の頻度や形態によっては必ずしも時価が利用可能とは限らない。その場合、当該資産の利用から得られる将来のキャッシュ・フローを、一定の利率（割引率）を用いて割り引き、現在の価値に換算する「割引現在価値」が時価の代わりに使用される（なお、「割引現在価値」を時価に含める考え方もある）。

時価の適用にあたっては、活発な市場で成立している価格が得られる場合、例えば上場されている有価証券では、市場価格に基づく価額が優先して適用される。これに対し、取引が少ない有価証券や市場ではなく相対（あいたい）によって取引されるデリバティブのように、市場価格が得られない場合には、類似の金融商品の市場価格を参照するか、または割引現在価値が適用される。このように、時価ないしに割引現在価値が適用される場合、決算時点の評価により貸借対照表

の金額が決定されるため、評価益または評価損が計上されることになる。

　日本ではこれまで取得原価主義がとられてきた。これは、損益法（収益費用アプローチ）の考え方を採用した評価基準で、「期間損益計算を優先し、資産の取得原価を各期に費用として配分するという考えがとられており、資産の評価については、原価主義をとる[1]」ものである。また、これは実現主義、つまり未実現の利益は排除するということと整合する。分配可能利益を算定する際に、その分配財源として資金的裏付けのある、貨幣性資産の確保を重視し、そのため未実現利益である資産の評価益の計上を排除する実現主義がとられ、また数値の確実性、客観性の高い取得原価を評価基準とする原価主義がとられてきたのである。しかし、取得原価は客観的な取引価額で信頼性が確保できるが、他方、取得時点の金額であるため貸借対照表の作成時点の財政状態を反映しないという欠点がある。

　もう一方の時価評価によれば、貸借対照表の作成時点の財政状態を時価で反映させることになる。時価評価は、財産法（資産負債アプローチ）に基づいて採用される評価基準である。日本の会計基準においては、2000年前後の「会計ビッグバン」とよばれる一連の会計基準の変更によって、取得原価から時価への評価基準の転換が進んできている。国際会計基準では、時価と割引現在価値とを合わせて「公正価値」と呼び、国際財務報告基準第13号では、資産、負債の評価基準に用いる時価として公正価値が定義されている。日本ではまだ公正価値という名称は使用していないが、国際会計基準の影響のもとに実質的に「公正価値会計」が日本においても拡大している。

　時価評価については、評価の際にさまざまな見積りや判断を伴う割引現在価値が使われることによって実際の市場価格とは乖離する可能性があるため、数値の確実性、信頼性、客観性は損なわれるという欠点がある。

1）遠藤［1989］37頁。

2　貸借対照表の構成要素

　貸借対照表の主な構成科目を区分ごとに詳しく見ていきたい。ここでは連結の範囲に含まれる親会社および子会社の個別貸借対照表を合算した連結貸借対照表を基本とするが、個別貸借対照表との相違点についても触れていきたい。

（1）資産の見方

流動資産とは何か
　流動資産は次のように当座資産と棚卸資産、その他の流動資産に区分される。

　「当座資産」とは、「現金預金」、営業取引によって生じた債権である「売掛金」「受取手形」（あわせて「売上債権」という）、売買を目的として保有する「有価証券」などの比較的短期間に現金化できる資産をいう。なお、「短期貸付金」を「当座資産」に含める考え方もある。
　「棚卸資産」とは、製造や仕入に関連する科目で決算までに販売されなかった資産をいう。小売業の場合は、販売する目的で仕入れた「商品」、製造業の場合は、自社製品を製造する目的で仕入れた「原材料」、製造途中だが販売可能な「半製品」、製品製造工程にある「仕掛品」、完成品である「製品」、製品製造を補助する「貯蔵品」などがある。当座資産、売上債権、棚卸資産という名称は、原則として日本基準の貸借対照表には表示されないが、分析の際にそうした項目を確定して比率を計算したりするので、各項目に含まれる勘定科目を把握しておくことが重要である。

第4章　貸借対照表の見方・読み方

流動資産で注意が必要なのは、棚卸資産と売上債権である。棚卸資産は販売しなければ現金化できない在庫であり、すぐに現金預金にならない性質を持つ。また在庫である商品、製品は陳腐化などにより、販売できなくなる。当座資産である売上債権も取引相手の資金繰りが厳しくなれば現金での回収が滞る可能性がある。この2項目の金額が多額の場合は、注意が必要である。

固定資産とは何か
　固定資産は、有形固定資産と無形固定資産、投資その他の資産に区分される。

```
            ┌─ 有形固定資産
固定資産 ───┼─ 無形固定資産
            └─ 投資その他の資産
```

　「有形固定資産」とは、事業のために使用することを目的として所有される物理的な実態を有する資産で、「建物」、建物以外の工作物・土木設備である「構築物」、「機械装置」、「車両運搬具」、「工具・器具・備品」、「土地」、有形固定資産の建設の途中にある「建設仮勘定」などがある。土地と建設仮勘定以外の有形固定資産は、使用および時間の経過に伴って価値が減少していく「償却資産」である。この資産価値の減少分（減価）を適切に財務諸表に反映させる手続きが「減価償却」である。第2章で見たように、年々の価値の減少分について一定の見積り計算を行い、耐用年数にわたって毎期の費用として配分することを指す。減価償却について、貸借対照表での表示方法には2通りある。1つは、各勘定科目について、その取得原価を示し、これまでの減価の累計額である「減価償却累計額」を控除して、差額である簿価（帳簿上の純額）を示す形式であり、もう1つは、貸借対照表では純額である簿価で示し、「減価償却累計額」を注記で示す形式である。近年では、注記で表示する形式を採用する企業が増えている。日産も注記表示となっており、図表4—2のように注記番号が示され、注記（連結貸借対照表関係）の箇所に減価償却累計額が記載されている。
　「無形固定資産」とは、事業のために長期にわたって所有され収益が期待される、物理的な実態を持たない資産で、「法律上の権利」、「のれん」、「ソフト

図表 4−2　日産　連結貸借対照表（抜粋）

（単位：百万円）

	前連結会計年度 （平成 28 年 3 月 31 日）	当連結会計年度 （平成 29 年 3 月 31 日）
固定資産		
有形固定資産		
建物及び構築物（純額）	645,945	609,769
機械装置及び運搬具（純額）	※2　3,182,514	※2　3,342,305
土地	625,152	599,626
建設仮勘定	196,718	177,394
その他（純額）	566,573	546,127
有形固定資産合計	※1、3　5,216,902	※1、3　5,275,221

注記（抜粋）
（連結貸借対照表関係）

1　※1　有形固定資産の減価償却累計額

	前連結会計年度 （平成 28 年 3 月 31 日）	当連結会計年度 （平成 29 年 3 月 31 日）
有形固定資産の減価償却累計額	5,266,777百万円	5,124,899百万円
（うち、リース資産（借主）の減価償却累計額）	101,730	72,461

出所：日産自動車［2017］『有価証券報告書』3 月期。

ウェア」がある。法律上の権利には、「特許権」「商標権」「意匠権」「著作権」などがある。のれんは、企業の買収、合併に際して、買収価額が企業の時価評価による純資産額を上回った差額であり、純資産の総額より超過した収益力をもたらすことを表している。研究開発目的のソフトウェア制作に係る費用は研究開発費として費用計上されるが、市場販売目的の製作費、自社利用の製作費は無形固定資産としてのソフトウェアに計上される。無形固定資産も有形固定資産と同様に減価償却が行われる資産である。

　「投資その他の資産」には、長期的な投資のための株式、社債その他の有価証券である「投資有価証券」や返済期限 1 年以上の「長期貸付金」などがある。

投資有価証券は、企業本来の活動ではない金融投資をあらわすものであり、その増減などについての分析が必要である。親会社の個別貸借対照表では、子会社・関連会社株式を指す項目である「関係会社株式」が表示されるが、連結財務諸表では関係会社株式が消え、その代わりに子会社の資産が合算されている。連結においては関係会社株式のうち子会社株式が子会社の資産に置き換わるからである。

繰延資産とは何か

　繰延資産とは、本来は費用として処理されるものであるが、支出の効果が長期にわたって期待できるため、支出時に一気に費用化せずに資産として繰り延べることが認められているものである。新株の発行、自己株式の処分にかかる費用である「株式交付費」、社債発行のために支出した費用である「社債発行費等」、会社の設立にあたり支出した費用である「創立費」、会社設立から営業開始までに支出された費用である「開業費」、新技術、新組織の採用、資源開発、市場開拓等のために支出した費用である「開発費」がある。収益力のある大企業において繰延資産は、実際には支出時に費用として計上するのが一般的なので、有価証券報告書ではあまり見ることはない。

（2）負債の見方

流動負債とは何か

　流動負債には、仕入債務、短期借入金・コマーシャル・ペーパー、その他の流動負債などが含まれる。

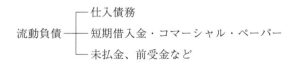

　流動負債には、営業取引によって生じた「買掛金」「支払手形」（あわせて「仕入債務」という）、金融機関等からの「短期借入金」、資金調達のための無担保で譲渡可能な約束手形である「コマーシャル・ペーパー」、備品などを後日

払いで購入した際の「未払金」、商品等の手付金・内金として受け取った際の「前受金」などがある（予想される支出に備えるための「引当金」については後述）。

仕入債務という項目は、貸借対照表中には表示されないが、分析の際に項目を設定して用いられることは、売上債権などと同様である。貸借対照表を構成する項目の中で、企業の日常の営業活動である売上・仕入取引によって日々変化するのが、流動資産中の売上債権、棚卸資産と、この仕入債務である。日常の営業活動に必要な資金は、「売上債権＋棚卸資産－仕入債務」で求められ、これを正味運転資本という。売上債権、棚卸資産はすぐに現金化されない分であり、仕入債務は現金支払いを猶予される分であるため、その差額である正味運転資本は、資金不足を生じないために必要な準備資金を表す。この計算により短期間の資金需給の状態を把握することができる。

固定負債とは何か

固定負債には、社債や長期借入金、退職給付に係る負債などがある。

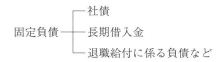

「社債」は一般の投資家から資金を長期的、また大量に調達するために企業が発行する債券で、返済期日である償還期限が定められている。「長期借入金」は、金融機関等からの借入金で返済期日が1年を超えるものである。「退職給付に係る負債」は、従業員の退職時に支給される退職金や企業年金の積み立てが行われる際、目標となる積み立てのための資産に不足が生じる場合にその不足分を表すための項目である。不足分については補う義務が生じることから、会計年度ごとに負債として計上されるものである。

なお、これら負債のなかの社債、長期借入金、短期借入金、1年以内に期限の到来する債務、コマーシャル・ペーパーなどを合計すると有利子負債の金額を明らかにできる。

（3）資本（純資産）の見方

資本（純資産）の区分

　資本は、株主から拠出された払込資本と、企業に蓄積された留保利益という2つの要素で基本的に構成されており、従来は、債権者保護の観点から払込資本は維持するべきものとされていた。しかし日本において2006年に制定された会社法において資本は純資産へと名称を変更し、純資産の構成も複雑化してきている。純資産の部は、株主資本、その他の包括利益累計額、新株予約権、非支配株主持分の4つから構成される。個別財務諸表における構成も重要であるので併せて示しておく。

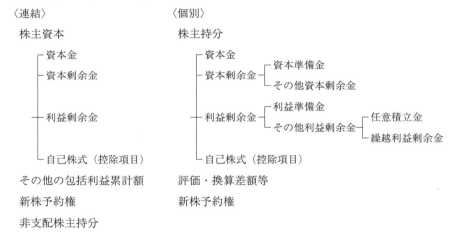

株主資本とは何か

　株主資本とは、純資産のうち株主に帰属する部分で従来の資本の部に相当し、「資本金」「資本剰余金」「利益剰余金」「自己株式」からなる。資本金は、会社の設立、増資に際し株主が払い込んだうち資本金に組み入れた分である。「資本剰余金」は、株主が払い込んだうち資本金に組み入れなかった部分と資本取引から生じた剰余金から構成される。「利益剰余金」は、企業がこれまで獲得し内部に蓄積した利益であり、さまざまな形で留保されている。

そうした資本剰余金、利益剰余金の内訳は連結財務諸表では示されないが、個別財務諸表では表示されているので、その内容を個別から推測することができる。利益剰余金の内訳項目である利益準備金は、法定準備金であり配当金額の10分の1に相当する額の積み立てが規定されており、資本準備金と利益準備金の合計が資本金の4分の1に達するまで、計上することが求められている。「その他利益剰余金」は、利益準備金以外の利益剰余金のことで、株主総会決議により設定目的などを任意で決定することができる「任意積立金」と、株主への配当の原資となる「繰越利益剰余金」の2つが含まれる。任意積立金の1つである「別途積立金」は、多くの企業が設定しており、特定の利用目的に限定せず企業がさまざまに活用できるものであるので、利益留保の状況を見るうえでは重要な分析項目である。

　「自己資本」は、企業が買い取った自社株式を指し、株主への分配とみなされるため、株主資本からは控除される形式で表示される。

　会社法制定以降の重要な変更点は、従来は維持すべき資本としてその取崩しが厳しく制限されていた資本剰余金（特に「その他資本剰余金」）が分配可能となったことである。これは債権者保護の後退として問題視されている。

その他の包括利益累計額とは何か

　資産や負債を時価評価した場合に生じる評価差額等が表示される項目である。第2章で示したように資産を時価評価すると評価損益が生じ、その部分について貸借対照表と損益計算書の利益に不一致が生じるが、そうした不一致をなくすために損益計算書に代えて包括利益計算書が導入されている。個別ではなく連結において導入された結果、連結包括利益計算書の側で評価損益を「その他の包括利益」として表示するとともに、連結貸借対照表の側でも「その他の包括利益累計額」という名称で表示することとなった。したがって個別財務諸表では不一致となっているが、連結財務諸表では一致が図られる形となっている。含まれる勘定科目としては、投資有価証券（その他有価証券）の評価差額である「その他有価証券評価差額金」、時価評価されているヘッジ手段についての損益を繰り延べた「繰延ヘッジ損益」、外貨換算のレートの変化により生じる「為替換算調整勘定」等がある。

新株予約権とは何か

　株式を特定の有利な価格で購入できる権利で、新株予約権付社債が発行されたり、役員・従業員にストックオプション（株式購入選択権）として付与されたりする場合に、新株予約権が純資産の1つとして表示される。予約権が行使されると株式への転換が図られるので、潜在的な株式がどのくらい存在するかを示す項目として表示されることになっている。

非支配株主持分（少数株主持分）とは何か

　連結企業集団において親会社が子会社の株式を100％保有していない場合、子会社の残りの株式を企業集団の外部にいる少数株主が保有することになる。その場合は、少数株主の持分を表示する必要が生じる。以前は少数株主持分と呼ばれたが、近年では非支配株主持分として表示される。

　純資産は資金調達の主要な源泉で会社の基礎であるため、財務諸表分析においては重要な項目の1つである。しかし前述の通り、資本の部から純資産の部への変更に伴い、従来は株主に帰属する持分とされた資本概念は、資産と負債の差額へと定義が変わってきている。企業分析においては、資本を自己資本として分析するが、その際、自己資本をどこまでの範囲とするかが大きな問題となる。分析の目的によってどの数値をとるのかが変わりうるので、この点には注意が必要である。

3　資金留保となる勘定科目

　貸借対照表の項目の中には、利益剰余金や資本剰余金以外にも資金を留保する性質をもつ項目がある。この内部留保について、詳しくは第11章で取り上げるが、ここではこのような役割を有する資産、負債の項目について見ておく。

減価償却

　減価償却は、費用として計上されるが、実際には現金の支出があるわけではないため、その分の資金は企業内部に留保されることになる。貸借対照表で示される減価償却累計額は、これまで内部留保された資金の総額を示している。減価償却の金額は他の項目と比べて多額なものとなるので、重要な分析項目の1つである。

減損

　固定資産への投資は、それに見合った収益を回収できるという予測の下で行われる。減損とは、固定資産の収益性が低下し、投資額の回収が見込めなくなった場合に回収可能価額まで資産価額を減少させることをいう。回収可能性を反映するように当該資産の簿価を減額し、減損損失を計上する会計処理を減損会計という。国際会計基準では減損会計の整備が進められてきており、その影響に基づいて日本でも導入されている。近年、多くの企業で認識されており、損益計算書では減損損失が特別損失のところに表示されている。

引当金

　当期以前の期に起因するが実際の支出が当期以降となる費用で、合理的に見積ることが可能な場合に計上されるのが引当金である。費用として計上されるが、減価償却と同様に実際には現金の支出があるわけではないため、その分の資金は企業内部に留保されることになる。

　貸借対照表での主な表示科目としては、資産の評価勘定として計上される評価性引当金である「貸倒引当金」、将来の予測支出が負債として計上される負債性引当金である「製品保証引当金」、「修繕引当金」、「退職給付引当金」などがある。「貸倒引当金」は、期末の売上債権（売掛金、受取手形）に関して、その回収不能部分を見積るものである。「製品保証引当金」は、販売に際し、無償保証契約や瑕疵担保責任などにより、翌期以降発生する保証費用に備えて見積り計上し、「修繕引当金」は将来の修繕費用に備えて見積り計上するものである。

4　新しく変化した資産・負債

　前述の通り、会計基準が収益費用アプローチから資産負債アプローチに移行してきたことに伴って、これまでとは会計手続きが変化した項目がある。ここではそれを取り上げる。時系列で分析する際に、会計制度の変更によって、これらの項目が登場する前後で貸借対照表の資産の金額が変化しているので注意して分析する必要がある。

リース会計

　従来のリース取引では、借り手の企業側ではリース料を単に費用処理していた。しかしリースの中には実質的な購入に近いものがあることから、それをリース資産として計上することとなった。契約解除不能で、借り手側企業が経済的利益のすべてを享受し、リース物件の金額に相当するコストを負担するというリースの場合がそれである。実体としてはリース物件に対する融資の性格が強いのでファイナンス・リースと呼ばれる。新しいリース会計では、リース資産とリース債務を両建てで計上する。契約期間中のリース料の総額の割引現在価値を計算し、当該物件を現金購入した場合の見積り価額と比較して、安い方をリース資産の取得価額とする。リース資産は減価償却される一方、支払ったリース料は、リース債務の減少と支払利息の支払いとして処理される。

退職給付会計

　従来は、退職一時金に焦点を当て、従業員の勤務年数を基準に算定した額を退職給与引当金という負債として計上していた。新しい退職給付会計では、退職一時金と年金給付の債務を合理的に認識し、全従業員の退職後の支払いの総額のうち、期末までに発生していると認められる額に基づき、一定の割引率や予想残存勤務期間や市中金利なども考慮しながら現在の価値を割り出し、退職給付債務とする。この退職給付債務と年金資産等との差額を算出し、積立不足

分は「退職給付に係る負債」として計上しなければならない（個別では「退職給付引当金」として表示）。

金融商品会計

　経済活動に欠かせない金融商品がグローバルに増大してきているが、それに伴って会計基準も整備されてきている。日本では1999年に公表された「金融商品に係る会計基準」により、有価証券の評価基準がそれまでの取得原価から時価に変わり、それは持合株式にまで及んだため、日本的経営にも大きなインパクトを与えている。金融商品は、資産と負債の両方に計上されるが、ここでは資産に計上される金融商品の概要をまとめておきたい。資産に計上される有価証券は4種類あるが、開示上では3区分となる。それぞれの開示上の区分と時価評価した場合の会計処理は図表4－3の通りである。

図表4－3　有価証券の会計処理

評価上の区分	開示上の区分	資産区分	時価評価の処理
売買目的有価証券	「有価証券」	流動	有価証券評価益はPL営業外収益へ
満期保有目的債券	「投資有価証券」満期が1年未満となった場合、流動区分の「有価証券」に変更	固定	その他有価証券評価差額金はBS純資産へ
その他有価証券	「投資有価証券」	固定	
子会社・関連会社株式	「関係会社株式」		連結上では無くなるか少額となる

　また、企業は金融派生商品であるデリバティブに係る取引を、投資目的、またはリスクヘッジ目的で締結する場合があるが、これも財務諸表に計上する必要がある。デリバティブ取引には、将来のある時点で、特定の商品を価格や数量を決めて売買する「先物取引」、金融商品を売買する権利自体を売買する「オプション取引」、将来の利息等の支払いや受け取りをお互いに交換する「スワップ取引」がある。デリバティブ取引が投資目的の場合には、貸借対照表に時価で計上され、評価差額は損益計算書で処理される。リスクヘッジ目的の場

合には、ヘッジしようとする対象についての損益が認識されるまで、時価評価したヘッジ手段に関する損益を、純資産の部の「その他の包括利益累計額」に「繰延ヘッジ損益」として繰り延べる方法が採用される。

　これらの金融商品の情報は、財務諸表の注記で開示されているので、注意が必要である。

5　企業の貸借対照表を読む

　ここでは、日産の2017年3月決算期の連結貸借対照表（図表4─4）を検討する。以下では日産自動車の調達と運用の特徴を列挙していく。金額の横の欄で、各項目の資産合計に対する比率を示している。構成比率で表示された貸借対照表を百分比貸借対照表と呼び、各項目の多寡を示している。これをみることでその企業の財政的特徴がわかる。

　資金の運用である、資産の側の特徴は以下の通りである。

　(1)流動資産が総資産の62％をしめており、その中で、「販売金融債権」が突出して多く、流動資産合計の64％、資産合計の40％である。これは、販売金融を行っている自動車会社で計上される勘定科目である。注記には、"当社製品を購入する顧客に提供する自動車ローンやリース、販売会社に提供する在庫金融や運転資金貸付などの金融資産を取り扱っている。"と説明されている。

　(2)固定資産中では、有形固定資産が76％をしめており、「機械装置及び運搬具」が有形固定資産の63％となっている。また、未完成の有形固定資産である建設仮勘定が有形固定資産の3％を占めており、有形固定資産への投資を継続的に行っていることがわかる。

　(3)投資その他の資産は、資産合計の8％であり、その74％は、長期投資目的の「投資有価証券」である。

　(4)流動資産、固定資産の両区分に「繰延税金資産」があり、また流動負債、固定負債には「繰延税金負債」がある。これらの勘定科目は、税効果会計の適用により計上される。税務上の課税所得と財務会計上の利益に一時的な差異が

図表4—4　日産　連結貸借対照表　2017年3月31日　（単位：百万円）

資産の部			負債の部		
流動資産			流動負債		
現金及び預金	1,122,484	6.1%	支払手形及び買掛金	1,578,594	8.6%
受取手形及び売掛金	808,981	4.4%	短期借入金	980,654	5.3%
販売金融債権	7,340,636	39.8%	1年内返済予定の長期借入金	1,339,982	7.3%
有価証券	121,524	0.7%	コマーシャル・ペーパー	430,019	2.3%
商品及び製品	911,553	4.9%	1年内償還予定の社債	368,101	2.0%
仕掛品	73,409	0.4%	リース債務	31,565	0.2%
原材料及び貯蔵品	288,199	1.6%	未払費用	1,112,591	6.0%
繰延税金資産	156,457	0.8%	繰延税金負債	2	0.0%
その他	746,650	4.1%	製品保証引当金	110,086	0.6%
貸倒引当金	-107,344	-0.6%	その他	1,102,626	6.0%
流動資産合計	11,462,549	62.2%	流動負債合計	7,054,220	38.3%
			固定負債		
固定資産			社債	1,493,159	8.1%
			長期借入金	3,103,803	16.8%
有形固定資産			リース債務	20,398	0.1%
建物及び構築物（純額）	609,769	3.3%	繰延税金負債	601,398	3.3%
			製品保証引当金	128,394	0.7%
機械装置及び運搬具（純額）	3,342,305	18.1%	退職給付に係る負債	369,346	2.0%
土地	599,626	3.3%	その他	483,154	2.6%
建設仮勘定	177,394	1.0%	固定負債合計	6,199,652	33.7%
その他（純額）	546,127	3.0%	負債合計	13,253,872	71.9%
有形固定資産合計	5,275,221	28.6%	純資産の部		
			株主資本		
無形固定資産	127,807	0.7%	資本金	605,814	3.3%
			資本剰余金	817,464	4.4%
投資その他の資産			利益剰余金	4,349,136	23.6%
投資有価証券	1,158,676	6.3%	自己株式	-140,697	-0.8%
長期貸付金	16,036	0.1%	株主資本合計	5,631,717	30.6%
			その他の包括利益累計額		
退職給付に係る資産	8,456	0.0%	その他有価証券評価差額金	57,778	0.3%
繰延税金資産	176,354	1.0%	繰延ヘッジ損益	7,154	0.0%
その他	197,757	1.1%	連結子会社の貨幣価値変動会計に基づく再評価積立金	-13,945	-0.1%
貸倒引当金	-1,848	0.0%	為替換算調整勘定	-687,841	-3.7%
投資その他の資産合計	1,555,431	8.4%	退職給付に係る調整累計額	-133,016	-0.7%
			その他の包括利益累計額合計	-769,870	-4.2%
固定資産合計	6,958,459	37.8%	新株予約権	391	0.0%
			非支配株主持分	304,898	1.7%
			純資産合計	5,167,136	28.1%
資産合計	18,421,008	100.0%	負債純資産合計	18,421,008	100.0%

出所：日産自動車［2017］『有価証券報告書』3月期。

あり、「税務上の課税所得＞会計上の利益」の場合、税金を前払いしたことに相当し、繰延税金資産を計上する。「税務上の課税所得＜会計上の利益」の場合、税金が未払いであることに相当するため、繰延税金負債を計上する。日産では、税金の前払分と未払分が両建て表示されていることになる。

　資金の調達である、負債・純資産の側の特徴は以下の通りである。

　(1)資金の調達源泉では、負債合計が72％をしめており、その中でも長期借入金の比率が高い。1年以内に返済が迫り流動負債に区分されている「1年内返済予定の長期借入金」と固定負債の「長期借入金」を合わせると、資金の調達総額の24％となっている。

　(2)流動負債では仕入債務である「支払手形及び買掛金」の比率が高く、調達資金の9％となっている。

　(3)純資産の部では、これまでの利益の蓄積であり、優良な資金の調達源泉である「利益剰余金」が調達総額の24％を占めている。

　以上、貸借対照表の特徴をあげたが、特に注意したい点は、(1)の「販売金融債権」である。これは、製品の販売、リース契約をした中で資金の未回収分の残高であり、それが資産合計の4割弱をしめている。販売に際しての信用調査は適正に行われているのか、不良債権化している部分がないのか、回収不能可能性を見積っている「貸倒引当金」は十分に積んであるのか等、考慮する必要があるだろう。

　また、流動負債中の「製品保証引当金」は、販売後のアフターサービスに備えたものであり、自動車製造販売業の場合にはリコール関連費用が含まれる。日産自動車では、実際に2017年10月に完成検査不備に関するリコールが起こっており、それをカバーするのに十分な金額であるのか、注意が必要である。

　退職給付に関して、投資その他の資産の「退職給付に係る資産」、固定負債の「退職給付に係る負債」が表示されており、資産と負債の両建て表示となっている。退職給付に関する会計基準の注記では、「複数の退職給付制度を採用している場合において、1つの退職給付制度に係る年金資産が当該退職給付制度に係る退職給付債務を超えるときは、当該年金資産の超過額を他の退職給付制度に係る退職給付債務から控除してはならない。」とされており、連結会社間で退職給付制度が異なるものがあると理解できる。

図表4―5　ホンダ　連結財政状態計算書　2017年3月31日（単位：百万円）

（資産の部）			（負債及び資本の部）		
流動資産			流動負債		
現金及び現金同等物	2,105,976	11.1%	営業債務	1,183,344	6.2%
営業債権	764,026	4.0%	資金調達に係る債務	2,786,928	14.7%
金融サービスに係る債権	1,878,938	9.9%	未払費用	417,736	2.2%
その他の金融資産	149,427	0.8%	その他の金融負債	119,784	0.6%
棚卸資産	1,364,130	7.2%	未払法人所得税	45,507	0.2%
その他の流動資産	292,970	1.5%	引当金	348,095	1.8%
			その他の流動負債	527,448	2.8%
流動資産合計	6,555,467	34.6%	流動負債合計	5,428,842	28.6%
			非流動負債		
非流動資産			資金調達に係る債務	4,022,190	21.2%
			その他の金融負債	47,241	0.2%
			退職給付に係る負債	494,131	2.6%
持分法で会計処理されている投資	597,262	3.2%	引当金	248,935	1.3%
			繰延税金負債	900,450	4.7%
金融サービスに係る債権	3,070,615	16.2%	その他の非流動負債	246,708	1.3%
その他の金融資産	364,612	1.9%	非流動負債合計	5,959,655	31.4%
オペレーティング・リース資産	4,104,663	21.7%	負債合計	11,388,497	60.1%
有形固定資産	3,200,378	16.9%	資本		
無形資産	778,192	4.1%	資本金	86,067	0.5%
繰延税金資産	121,509	0.6%	資本剰余金	171,118	0.9%
その他の非流動資産	165,425	0.9%	自己株式	−26,189	−0.1%
			利益剰余金	6,712,894	35.4%
			その他の資本の構成要素	351,406	1.9%
非流動資産合計	12,402,656	65.4%	親会社の所有者に帰属する持分合計	7,295,296	38.5%
			非支配持分	274,330	1.4%
			資本合計	7,569,626	39.9%
資産合計	18,958,123	100.0%	負債及び資本合計	18,958,123	100.0%

出所：本田技研工業［2017］『有価証券報告書』3月期。

　最後に、国際会計基準を採用しているホンダについて、貸借対照表にあたる財政状態計算書を見ていく（図表4―5）。

　資産、負債は、流動、非流動項目に分類されており、本表に記載されている科目は、最低限決められているもので集約表示されているため、注記を見ないと詳細が確認できなくなっている。繰延税金資産または繰延税金負債は、流動資産・負債としては分類せず、すべて非流動項目となっている。これら表示の違いに加えて、国際会計基準への移行に伴って、会計処理が変わり、金額が相違するものもある。それまでの日本基準で作成された貸借対照表は、移行した期に併記されるので、そこで確認できる場合がある。

　貸借対照表は、細かな数値にとらわれるのではなく、大きな数値から確認し

ながら、それの意味を考えていくことがのぞましい。また、ここでは日産の連結貸借対照表一期分だけを検討対象としたが、実際の企業分析において、数値の高低、その良し悪しを指摘し、踏み込んだ解釈をするには、当該企業の何期分かの時系列の変化、または他社との比較により相対的にみることが重要である。

（参考文献）
遠藤孝［1989］『企業会計論』白桃書房。
小栗崇資［2014］『株式会社会計の基本構造』中央経済社。
─────［2016］『コンパクト財務会計』中央経済社。
小栗崇資・谷江武士編著［2010］『内部留保の経営分析―過剰蓄積の実態と活用』学習の友社。
山口孝・山口不二夫・山口由二［2001］『企業分析（増補版）』白桃書房。

第5章　損益計算書の見方・読み方

　損益計算書を読むためには、その構成要素となる収益・費用・利益について理解し、どのように開示されているのかを知っておく必要がある。本章では、収益・費用・利益の関係を確認し、損益計算書と包括利益計算書の仕組みと構造を解説する。そして、日本基準で作成されている日産の連結損益計算書および包括利益計算書と、国際会計基準で作成されているホンダの連結損益計算書および包括利益計算書について分析する。

1　損益計算書の基本と利益の計算方法

　損益計算書は、企業の経営成績を表示する計算書である。経営成績とは、一定期間の間に、収益から費用を差し引いて、利益を計算することにより、経営の状況をあらわすものである。収益の主な要因は売上であり、商品や製品を販売し、企業に入ってくる収入の総額である。費用の主な要因は製造原価や人件費や広告宣伝費などの支出である。こうした収益と費用の差額によって利益を計算し（収益－費用＝利益）、その差額がプラスであれば利益であり、マイナスであれば損失となる。損益計算書の基本的な仕組みを勘定式であらわすと、図表5—1のようになる。一定期間に収益が500実現し、費用が300発生した場合、利益は200となる。
　期間の損益計算には、第2章で触れたように財産法と損益法がある。財産法によれば貸借対照表から利益を計算することになる。すなわち、期首における純資産と期末における純資産の対比で当期の純損益を計算する。次の計算式で

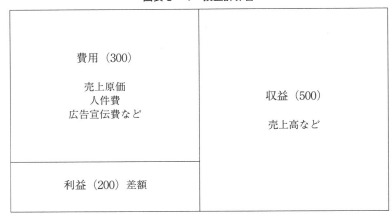

図表5—1　損益計算書

利益あるいは損失を計算する。

① 期末純資産－期首純資産＝利益（または損失）
② 期末純資産＝期末資産－期末負債
③ 期首純資産＝期首資産－期首負債

①式に②式と③式を代入すると次の式になる。

（期末資産－期末負債）－（期首資産－期首負債）＝利益（または損失）

　このような計算法によれば、決算における資産、負債の評価額が利益の計算にとって大切なこととなる。財産法で利益を計算する際に、とりわけ資産評価が重要となる。このような考え方は近年では資産負債アプローチと呼ばれている。国際会計基準や米国基準は資産負債アプローチを採用しており、日本基準も採用するに至っている。時価評価の導入により、貸借対照表の項目の評価が行われるようになった。そのため、時価評価によって生じる評価差損益は、損益計算書や包括利益計算書に記載されることになる。

　これに対して、損益法は損益計算書において、一定期間における収益と費用

を確定し、その対比を通じてその差額を当期の利益として計算する。すなわち、次の計算式で利益あるいは損失を計算する。

収益－費用＝利益（または損失）

このような計算法によれば、収益、費用は単なる収支計算とは異なるため、その期間に属する収益・費用を「理論」や「基準」に基づいて確定することが、利益の計算にとって大切なこととなる。とりわけ、収益や費用の期間配分の「理論」や「基準」が重要となる。このような考え方は、近年では収益費用アプローチと呼ばれている。

収益費用アプローチにおける費用と収益の計上基準は、「発生主義」と呼ばれる。発生主義の下では、すべての費用及び収益は、支出や収入に基づいて記帳され、そのうち当該期間の収益、費用に相当するものだけを当期の収益と費用として計上する。発生主義が適用されることにより、固定資産や棚卸資産の取得原価を、減価償却や棚卸によって期間費用と次期繰越資産に配分することが可能となる。そして収益については実現主義が適用され、当該期間に発生したもののうち、販売（販売基準）などにより実現しているものがその期間の収益となる。

2　損益計算書の仕組み

企業の損益計算は、基本的には収益－費用＝利益で計算される。しかし、収益、費用の認識のレベルは、日本基準によると、いくつかの段階に分かれて開示されなければならない。すなわち、わが国の損益計算書は主に5つの利益（売上総利益、営業利益、経常利益、税引前当期純利益、当期純利益）を段階的に計算する仕組みを持っている。

損益計算書の具体的な仕組みは次のようになる。実際の損益計算書は利益の性格に基づいて、縦に並べる形式（報告式）で表される。損益計算書では図表5―2のように、上から順に「売上総利益」「営業利益」「経常利益」「税引前当

図表5—2　損益計算書（縦型）

Ⅰ 売上高	本業の利益の計算
Ⅱ 売上原価	
売上総利益	
Ⅲ 販売費及び一般管理費	
営業利益	
Ⅳ 営業外収益	本業の利益に本業以外の経常部分を加えた利益の計算
Ⅴ 営業外費用	
経常利益	
Ⅵ 特別利益	特別の利益・損失を加減算した利益の計算
Ⅶ 特別損失	
税引前当期純利益	
法人税、住民税及び事業税	税金等控除後の最終利益の計算
法人税等調整額	
当期純利益	

期純利益」「当期純利益」の5つの利益が計算され、表示される。

（1）売上総利益

　売上総利益は、商品や製品の販売やサービスの提供から得た収益である「売上高」（主に流通・サービス業で「営業収益」と開示される場合もある）から、販売の原価である「売上原価」を控除したものである。このため、費用と収益が直接的に対応したものが、売上総利益であり、次の算定式で示される。

　売上高－売上原価＝売上総利益

　売上総利益は、粗利益やマージンとも呼ばれ、企業にとって最も重要な利益の源泉となる。製造業の場合、労務費が控除される点などで異なるが、売上総利益は企業が生み出した付加価値に近いものとなる。付加価値がどのように分配されているかを損益計算書から読み取ることもできる。

　売上原価は業種によって含まれる項目が異なる。商品販売を主とする業種の場合、売上原価は販売商品の仕入高となる。サービス提供を主とする業種の場

合、売上原価は独立して開示されないで営業費用として表示される。この場合、前述のように売上高を営業収益と呼ぶ場合が多く、具体的にはNTTドコモなどの携帯電話サービスを提供している会社等が該当する。日産自動車等の製造業の業種の場合、売上原価は製品の製造原価が中心となる。製造原価とは、製品の材料費、工場等の製造過程で働く従業員の人件費（労務費）や工場の機械の減価償却費（経費）を計算したものである。しかし、2014年までは製造原価の内訳を示した製造原価報告書が開示されていたが、個別財務諸表の簡素化が進み、現在では、製造原価報告書が開示されなくなった。

（2）営業利益

営業利益は、「売上総利益」から「販売費及び一般管理費」を控除することで計算される。営業利益は、会社の本業を示す利益である。売上総利益と販売費及び一般管理費は、間接的な対応、すなわち期間の中での対応となっており、次の算定式で示される。

売上総利益－販売費及び一般管理費＝営業利益

「販売費及び一般管理費」は、営業部門による販売活動の費用（販売費）および本社による企業全体の管理活動における費用（一般管理費）の合計をあらわす。販売費の細目が損益計算書の中で明らかでない場合は、注記を見てどのような項目があるのか確認する必要がある。このようにして計算される営業利益は、企業の中心となる本業の収益力の程度を示す。本業で利益が出ているかどうかは、業績評価にとって重要なポイントとなる。

（3）経常利益

経常利益は、企業の本業以外の収益活動を含めて示される利益である。本業以外の活動の主要なものは金融投資活動である。特に近年は、金融活動に力を注ぐ企業が多くなっており、それらを読み取ることが重要となる。「経常利益」は、「営業利益」に、「営業外収益」から「営業外費用」を控除した差額を加減

算したものである。「経常利益」は、本業からの利益に本業以外の利益、特に金融損益を加えたものとなる。次の算定式で示される。

　営業利益＋（営業外収益－営業外費用）＝経常利益

「営業外収益」には、受取利息や受取配当金、有価証券売却益などの「金融収益」や、賃貸料などのその他の収益がある。「営業外費用」には支払利息、社債利息、有価証券売却損などの「金融費用」や賃借料などのその他の費用がある。潤沢な余裕資金を金融投資に回す企業では、多額の金融収益を得ることも多く、そうした場合には経常利益が営業利益を大きく上回る。逆に有利子負債の多い企業は、金融費用が膨らみ、経常利益が営業利益よりも減少する。金融収益と金融費用がどのくらい含まれているのか、営業外収益から営業外費用を差し引いて金融的な損益がどの程度出ているのかを見ることが重要なポイントとなる。

（4）税引前当期純利益

　税引前当期純利益は、臨時で一過性の利益や損失を加減した後の利益である。臨時で一過性の利益は「特別利益」といい、臨時で一過性の損失は「特別損失」という。「税引前当期純利益」は、「経常利益」に「特別利益」を加算し、「特別損失」を減算することで、計算される。次の算定式で示される。

　経常利益＋特別利益－特別損失＝税引前当期純利益

「特別利益」には固定資産売却益や投資有価証券売却益などがあり、「特別損失」には固定資産売却損や固定資産廃却損、投資有価証券売却損などがある。近年では、リストラ費用である「事業構造改善費用」や減損会計の適用による「減損損失」が計上されるケースも多くなっている。

（5）当期純利益

　当期純利益は企業の最終利益を表し、この利益が株主の配当に使われ、残っ

た分が企業の内部に留保される。「当期純利益」は、「税引前当期純利益」から、「法人税等調整額」が加減算された「法人税、住民税及び事業税」を控除して計算される。次の算定式で示される。

　税引前当期純利益－（法人税,住民税及び事業税±法人税等調整額）＝当期純利益

　法人税等調整額は、税効果会計（会計上の利益と税務上の利益の相違を調整するための会計）を適用することにより、法人税を繰り延べたり繰り入れたりすることで調整する項目である。将来の税金を減算する効果がある場合、借方に繰延税金資産が生じ、貸方に法人税等調整額が生じるため、当期の税金を繰り延べる効果が働く。

（６）株主資本等変動計算書に記載される配当と留保利益

　株主資本等変動計算書は、貸借対照表の純資産の部の一会計期間における変動額のうち、資本（純資産）の各項目の変動の理由を開示する書類である。したがって、株主資本等変動計算書を見ると、一会計期間における資本金や資本剰余金、利益剰余金などの変動の理由とその額がわかる。
　以前、当期純利益は「利益処分計算書」において配当や留保などへ処分されていた。しかし、現在は国際会計基準の影響により「利益処分計算書」に代わって作成されるようになった「株主資本等変動計算書」において、利益剰余金の変動額の中で配当額や利益の留保額が表示されている。

（７）連結損益計算書特有の項目

①持分法による投資損益
　持分法による投資損益は、持分法適用会社から上がる利益や損失のことをいう。持分法適用会社への投資が、本体企業の収益にどれくらい貢献したかを見ることができる。持分法適用会社の最終損益を、出資比率に応じて本体企業の連結決算に反映し、黒字の場合は「持分法投資利益」、赤字の場合は「持分法投資損失」として計上するものである。日本基準では、持分法投資損益を、受

取利息や配当金と同様、営業外損益として処理するため、経常損益の変動要因になる。

②親会社株主に帰属する当期純利益と非支配株主に帰属する当期純利益

　非支配株主とは、この章以前で触れたように子会社の資本のうち親会社の持分以外の部分のことをいう。親会社と子会社の関係は支配従属関係にあるかどうかで判断し、実質的に支配されている会社が子会社となる。子会社を支配している親会社を親会社株主、子会社の親会社以外の株主を非支配株主と呼ぶ。

　親会社が子会社を100％支配している場合は、親会社との取引で生じた損益を除いて子会社が計上した損益も100％が親会社の損益と合算され、連結財務諸表上の当期利益は、すべて親会社に帰属する当期純利益となる。しかし、非支配株主が存在する場合には、子会社が計上した損益には、親会社に帰属する部分と、非支配株主に帰属する部分が含まれることになる。このため、連結財務諸表上の当期純利益を、親会社に帰属する分と非支配株主に帰属する分とに分けて開示するようになった。

3　包括利益計算書の仕組み

　国際会計基準の影響により、貸借対照表において時価評価される項目が拡大している一方で、日本の財務諸表では包括利益が表示されてこなかった。この点が、国際会計基準との大きな相違点として指摘されていた。これを受け、日本において「包括利益の表示に関する会計基準」が公表され、2011年3月期から連結財務諸表において包括利益が表示されるようになった。

　包括利益とは、一会計期間における純資産の変動額のうち、資本取引によらない部分を示すものである。包括利益は、純損益とその他の包括利益で構成される。その他の包括利益は、包括利益と純損益の差額であり、純損益とされない損益のことをいう。日本基準でその他の包括利益に含まれる主要な項目は次の項目である。

- その他有価証券評価差額金（その他有価証券の評価によって生じる項目）
- 繰延ヘッジ損益（ヘッジ会計の適用により生じる項目）
- 為替換算調整勘定（外国子会社を連結する場合などに生じる項目）
- 退職給付における調整額等（退職給付会計の適用により、未認識数理計算上の差異や未認識過去勤務費用の計算において生じる項目）
- 持分法適用会社のその他包括利益に対する投資会社の持分相当額（持分法の適用により生じる項目）

　純損益とその他の包括利益を単一の計算書で作成する場合もあれば、損益計算書と包括利益計算書に分けて純損益計算を独立させて2つの計算書で作成する場合もある。日産の場合は、後者に該当する。

4　日産（日本基準適用）の損益計算書と包括利益計算書

　ここでは、日産の連結損益計算書2017年3月決算（日本基準、図表5—3）を使用して損益計算書と株主資本等変動計算書の一部と包括利益計算書の状況を説明する。

　まず、損益計算書では、企業の営業活動から生ずる売上高から売上原価を控除して売上総利益が算出される。日産の連結損益計算書2017年3月決算についてみると、11兆7,200億円の売上高を実現し、その80.4％にあたる9兆4,225億円の売上原価を計上し、売上総利益が2兆2,974億円となった。売上高に対する売上総利益の割合は19.6％となった。

　そして、売上総利益から販売費及び一般管理費を控除して営業利益が算出される。1兆5,552億円の販売費及び一般管理費を計上して、営業利益は売上高の6.3％にあたる7,422億円となった。この6.3％は本業の利幅率を示す。販売費及び一般管理費の細目の給料及び手当は、販売活動や企業全体の管理活動に係る人件費であり、4,022億円計上されている。同様に、退職給付費用や消

図表 5-3 日産 連結損益計算書 2016年4月～2017年3月

(百万円)

項目	金額	比率
売上高	11,720,041	100.0%
売上原価	9,422,551	80.4%
売上総利益	2,297,490	19.6%
販売費及び一般管理費		
広告宣伝費	313,406	2.7%
サービス保証料	79,125	0.7%
製品保証引当金繰入額	131,059	1.1%
販売諸費	251,378	2.1%
給料及び手当	402,202	3.4%
退職給付費用	20,809	0.2%
消耗品費	4,083	0.0%
減価償却費	50,773	0.4%
貸倒引当金繰入額	88,550	0.8%
のれん償却額	1,818	0.0%
その他	212,059	1.8%
販売費及び一般管理費合計	1,555,262	13.3%
営業利益	742,228	6.3%
営業外収益		
受取利息	15,868	0.1%
受取配当金	9,416	0.1%
持分法による投資利益	148,178	1.3%
デリバティブ収益	33,419	0.3%
雑収入	20,914	0.2%
営業外収益合計	227,795	1.9%
営業外費用		
支払利息	14,128	0.1%
為替差損	65,289	0.6%
債権流動化費用	10,906	0.1%
雑支出	14,967	0.1%
営業外費用合計	105,290	0.9%
経常利益	864,733	7.4%
特別利益		
固定資産売却益	7,114	0.1%
関係会社株式売却益	111,502	1.0%
受取保険金	7,204	0.1%
事業譲渡益	9,788	0.1%
その他	1,459	0.0%
特別利益合計	137,067	1.2%
特別損失		
固定資産売却損	9,256	0.1%
固定資産廃棄損	11,253	0.1%
投資有価証券売却損	3,865	0.0%
減損損失	5,532	0.0%
その他	6,737	0.1%
特別損失合計	36,643	0.3%
税金等調整前当期純利益	965,157	8.2%
法人税、住民税及び事業税	275,818	2.4%
法人税等調整額	△11,179	-0.1%
法人税等合計	264,639	2.3%
当期純利益	700,518	6.0%
非支配株主に帰属する当期純利益	37,019	0.3%
親会社株主に帰属する当期純利益	663,499	5.7%

出所：日産自動車［2017］『有価証券報告書』3月期。

耗品費や減価償却費や貸倒引当金繰入額やのれん償却額も販売活動や企業全体の管理活動に係るものが計上されている。

　以上の営業損益計算の結果を受けて、営業活動以外の原因から生ずる営業外収益と営業外費用を加算および減算して経常利益が算出される。日産では、2,277億円の営業外収益に対して、1,052億円の営業外費用を計上した。その差額は1,225億円で営業外収益が上回っている。営業外収益の大部分は金融投資に係るものであり、受取利息、受取配当金、持分法による投資利益、デリバティブ収益からなる。なお、持分法による投資利益1,481億円は、持分法適用会社の純利益などのうち、日産自動車に帰属する部分である。この持分法による投資利益が営業外収益を押し上げており、非連結子会社や関係会社の業績が連結企業集団の業績に貢献していることがわかる。この結果、経常利益は売上高に対して7.4％の8,647億円となった。金融投資で利益を計上しているので、経常利益（8,647億円）が営業利益（7,422億円）を上回る結果となっている。

　さらに、経常損益計算の結果をうけて、特別利益を加算し、特別損失を減算することで税金等調整前当期純利益が算出される。そして、税金等調整前当期純利益から法人税等調整額を考慮した法人税及び住民税及び事業税を控除して当期純利益が算出される。日産では、特別利益が1,370億円、特別損失が366億円で税金等調整前当期純利益が売上高の8.2％にあたる9,651億円となった。関係会社株式の売却により、1,115億円の売却益を計上しており、特別利益の額が大きくなっている。この一過性の利益で税金等調整前当期純利益が、経常利益に対してさらにかさ上げされたことがわかる。特別損失には、減損会計の適用による減損損失55億円が計上されている。

　そして、税金等調整前当期純利益9,651億円から法人税等2,646億円を控除して、最終利益である当期純利益7,005億円が計上された。最終的な利幅率としての売上高に対する当期純利益の割合は6％となった。当期純利益のうち、非支配株主に帰属する部分が370億円であり、親会社株主に帰属する部分が6,634億円となった。

　損益計算書によって算定された親会社株主に帰属する当期純利益は、株主資本等変動計算書の利益剰余金の項目のプラス項目となる。図表5―4を見ると、期首2016年4月1日時点において利益剰余金が4兆1,507億円ある。そこに、

図表5―4　日産　株主資本等変動計算書（一部抜粋）　2016年4月～2017年3月

(百万円)

	株主資本		
	資本金	資本剰余金	利益剰余金
当期首残高	605,814	805,646	4,150,740
当期変動額			
剰余金の配当			△182,803
親会社株主に帰属する当期純利益			663,499
⋮	⋮	⋮	⋮
当期末残高	605,814	817,464	4,349,136

出所：日産自動車［2017］『有価証券報告書』3月期。

　2016年度の親会社に帰属する当期純利益6,634億円が加算され、利益剰余金が増加する。そして、配当された金額は、1,828億円であり、利益剰余金のマイナス項目となる。ここでは省略しているが、他にも利益剰余金の調整項目があり、期末2017年3月31日時点での利益剰余金の額は4兆3,491億円となった（図表5―4）。この1年間で、留保利益が1,983億円増加したことになる。
　次に包括利益計算書を見てみよう（図表5―5）。損益計算書の当期純利益7,005億円は、包括利益計算書の冒頭に引き継がれている。この7,005億円にその他の包括利益の合計であるマイナス845億円を加え、包括利益6,159億円が計算される。貸借対照表の評価差額のうち純損益計算に含まれなかった損失が845億円あるといえる。

5　ホンダ（国際会計基準適用）の損益計算書と包括利益計算書

　国際会計基準を適用している企業の損益計算書の開示はどのようになっているのであろうか。ここでは、国際会計基準を適用しているホンダの損益計算書と包括利益計算書を見ていきたい。

図表5―5　日産　連結包括利益計算書（百万円）　2016年4月～2017年3月

当期純利益			700,518
	その他の包括利益		
		その他有価証券評価差額金	△4,172
		繰延ヘッジ損益	11,532
		為替換算調整勘定	△98,614
		退職給付に係る調整額	31,740
		持分法適用会社に対する持分相当額	△25,054
		その他の包括利益合計	△84,568
包括利益			615,950
	（内訳）		
		親会社株主に係る包括利益	585,880
		非支配株主に係る包括利益	30,070

出所：日産自動車［2017］『有価証券報告書』3月期。

　国際会計基準に従った損益計算書では、5つの利益（売上総利益、営業利益、経常利益、税引前当期純利益、当期純利益）を開示することが求められていない。したがって、ホンダの連結損益計算書（図表5―6）を見ると、売上収益から営業費用を差し引くことで、営業利益を算定している。売上収益は、売上高であり、13兆9,992億円計上された。営業費用として売上原価と販売費及び一般管理費と研究開発費がまとめて計上されており、営業費用合計は13兆1,584億円である。その結果、営業利益が売上高の6％にあたる8,407億円となった。本業により多額の利益を獲得している状況がうかがえる。売上総利益は開示されていないが、独自に計算すると、売上収益（13兆9,992億円）－売上原価（10兆8,658億円）で、3兆1,333億円と計算できる。なお、売上高に対する売上総利益の割合は22.4％である。

　国際会計基準に基づくと、営業利益から、本業以外の活動によって生じる損益を考慮して税引前利益を算定する。そして、税引前利益から法人所得税費用を控除して当期純利益を算定する。すなわち、営業利益に持分法による投資損益1,647億円と金融収益及び金融費用合計の14億円を加算して税引前利益1兆69億円を計上している。経常利益は開示されていない。税引前利益から法人所得費用を控除することで、当期純利益は売上高の4.9％にあたる6,793億円となった。このうち、親会社の所有に帰属する分が6,165億円であり、非支

配株主に帰属する分が 628 億円となった。

　親会社に帰属する当期純利益は、国際会計基準の場合、連結持分変動計算書に引き継がれる。連結持分変動計算書は、株主資本等変動計算書にあたるものである（図表 5—7）。図表 5—7 を見ると、期首 2016 年 4 月 1 日時点において利益剰余金が 6 兆 1,943 億円ある。そこに、2016 年度の親会社に帰属する当期純利益 6,165 億円が加算され、利益剰余金が増加する。配当された金額は、1,622 億円であり、利益剰余金のマイナス項目となる。この結果、期末 2017 年 3 月 31 日時点での利益剰余金の額は 6 兆 7,128 億円となった。この 1 年間で留保利益が 5,185 億円増加したことになる。

　連結包括利益計算書（図表 5—8）では、連結損益計算書の当期純利益 6,793

図表 5—6　ホンダ　連結損益計算書　2016 年 4 月〜2017 年 3 月　　（百万円）

売上収益	13,999,200	100%
営業費用		
売上原価	△10,865,848	−77.6%
販売費及び一般管理費	△1,601,212	−11.4%
研究開発費	△691,429	−4.9%
営業費用合計	△13,158,489	−94.0%
営業利益	840,711	6.0%
持分法による投資利益	164,793	1.2%
金融収益及び金融費用		
受取利息	32,389	0.2%
支払利息	△12,471	−0.1%
その他(純額)	△18,436	−0.1%
金融収益及び金融費用合計	1,482	0.0%
税引前利益	1,006,986	7.2%
法人所得税費用	△327,592	−2.3%
当期利益	679,394	4.9%
当期利益の帰属：		
親会社の所有者	616,569	4.4%
非支配持分	62,825	0.4%

出所：本田技研工業［2017］『有価証券報告書』3 月期。

図表5―7　ホンダ　連結持分変動計算書　一部抜粋　　　（百万円）

	親会社の所有者に帰属する持分		
	資本金	・・・	利益剰余金
2016年4月1日残高	86,067	・・・	6,194,311
当期包括利益			
当期利益			616,569
その他の包括利益（税引後）			
当期包括利益合計			616,569
・・・	・・・	・・・	・・・
配当金の支払額			△162,205
・・・	・・・	・・・	・・・
所有者との取引等合計		・・・	△162,205
2017年3月31日残高	86,067	・・・	6,712,894

出所：本田技研工業［2017］『有価証券報告書』3月期。

図表5―8　ホンダ　連結包括利益計算書　2016年4月～2017年3月　（百万円）

当期利益	679,394
その他の包括利益（税引後）	
純損益に振り替えられることのない項目	
確定給付制度の再測定	58,154
その他の包括利益を通じて公正価値で測定する金融資産の公正価値の純変動	22,707
持分法適用会社のその他の包括利益に対する持分	3,262
純損益に振り替えられる可能性のある項目	
在外営業活動体の為替換算差額	8,064
持分法適用会社のその他の包括利益に対する持分	△22,644
その他の包括利益（税引後）合計	69,543
当期包括利益	748,937
当期包括利益の帰属：	
親会社の所有者	696,079
非支配持分	52,858

出所：本田技研工業［2017］『有価証券報告書』3月期。

億円を出発点として、その他の包括利益695億円をプラスすることで、当期包括利益7,489億円を計算している。国際会計基準の方が、その他包括利益の範囲が広く、ホンダの連結包括利益計算書では、「その他の包括利益を通じて公正価値で測定する金融資産の公正価値の純変動」が計上されている。

　損益計算書を読む上での重要なポイントは以下の通りである。まず、第1に、売上高の規模を確認することである。売上の規模を知ることで、その会社の収入の総額を見ることができる。次に、売上総利益、営業利益、経常利益、税引前当期純利益、当期純利益の5つの利益が計上されているかを確認することである。国際会計基準適用会社では売上総利益や経常利益が計上されないケースがあるが、それぞれの利益が黒字か赤字かを確認し、金額に大きな変動があれば、その細目を調べて、何が利益に影響を与えているのかを、調べる必要がある。特に金額の大きい項目は重要となる。そして、「本業により利益が生じているか」や「金融投資によりどれほど儲かっているのか、あるいは本業の利益を圧迫しているのか」や「最終利益が黒字となっているのか」などにより、分析対象企業の利益構造がわかる。

　損益計算書に加え、株主資本等変動計算書や包括利益計算書を分析することで、さらに多くの情報を得ることができる。株主資本等変動計算書の利益剰余金の変動額をみれば、配当額や留保額を分析することができる。包括利益計算書のその他の包括利益をみれば、純損益に影響のない貸借対照表項目の時価評価差額を確認することができる。損益計算書、株主資本等変動計算書、包括利益計算書の項目と金額の意味を知るだけでも、分析対象企業の利益の構造と本質を分析することができるのである。

（参考文献）
大橋英五［2005］『経営分析』大月書店。
小栗崇資［2016］『コンパクト財務会計』中央経済社。
小栗崇資・谷江武士編著［2010］『内部留保の経営分析―過剰蓄積の実態と活用』
　　学習の友社。
野中郁江［2005］『現代会計制度の構図』大月書店。

山口孝・山口不二夫・山口由二［2001］『企業分析（増補版）』白桃書房。

コラム3　製造原価明細書は不要なのか

　製造業の損益計算書では、売上原価は当期製品製造原価に基づいて計算し、その内訳は製造原価明細書において明らかにされてきた。しかし、国際会計基準の導入の流れ（単体開示の簡素化）をうけて、2014年3月26日に財務諸表等規則の改正が発表され、連結開示においてセグメント情報（事業別、所在地別の区分情報）を注記する場合には、2014年3月期決算より製造原価明細書は省略してもよいことになった。たとえば、日産は、2013年3月期までは下記のような製造原価明細書を開示していたが、2014年3月期では単体の「表示方法の変更」に「財務諸表等規則第75条第2項に定める製造原価明細書については、同ただし書きにより記載を省略している。」と記述しているだけである。

　なるほど親会社が多角化し、多数の子会社からなる企業グループを分析する場合には、単体の製造原価明細書は不要と思われるかもしれない。ところが、親会社が大きな比重を占めていて、親会社が生産工場を管理している場合には、単体の製造原価明細書は重要な手がかりとなる。そもそもセグメント情報は、労務費等の固定費が表示されず、代替的な情報源とはなりえない。

　たとえば、ここに表示する製造原価明細書をみると、材料費は80.2％を占めているが、損益計算書で求められる売上原価率90.4％（≒売上原価3兆1,886億円÷売上高3兆

製造原価明細書

区分		注記番号	金額（百万円）		構成比（％）
			当事業年度 （自　平成24年4月1日 　至　平成25年3月31日）		
Ⅰ	材料費			2,545,645	80.2
Ⅱ	労務費			189,642	6.0
Ⅲ	経費				
	減価償却費		92,691		
	その他		344,743	437,435	13.8
	当期総製造費用			3,172,723	100.0
	期首仕掛品たな卸高			29,377	
	合計			3,202,101	
	期末仕掛品たな卸高			23,463	
	他勘定振替高	（注）		2,052	
	当期製品製造原価			3,176,585	

注：他勘定振替高は、建設仮勘定への振替等である。
出所：日産自動車［2013］『有価証券報告書』3月期。

5,263億円)の高さを裏づけており、自動車は利幅の小さい製品であり、強烈なコスト削減のプレッシャーにさらされることがわかる。また、コスト削減の矛先が向けられる労務費は6.0%を占めているに過ぎないが、一部の役員には巨額の報酬が支払われており、賃金格差がうきぼりとなる(同期の会長兼社長カルロス・ゴーン氏の役員報酬は9億8,800万円で突出しているのに対して、部課長を除く一般従業員23,605人の平均年間給与は699万6,504円に過ぎない)。

第6章　キャッシュ・フロー計算書の見方・読み方

　本書では財務3表のうち、第4章で貸借対照表の読み方が示され、第5章で損益計算書の読み方が示された。続く本章ではキャッシュ・フロー計算書をどう読むのかを検討していきたい。

1　キャッシュ・フロー計算書の構造と特質

　キャッシュ・フロー計算書は、企業に流入・流出するキャッシュの流れとその残高を開示する計算表である。端的にいえばキャッシュ・フロー計算書は、企業に流入する現金収入と流出する現金支出の流れと残高を示すものに近い計算表ということができる。
　より正確に説明すると、キャッシュ・フロー計算書における資金すなわちキャッシュは、「現金及び現金同等物」が対象とされている。現金同等物とは、容易に換金可能で価値の変動やリスクが少ない短期投資をいう。つまり、キャッシュ・フロー計算書におけるキャッシュには、簿記で用いられている現金勘定に加えて、3カ月以内に換金可能な定期預金や価値変動の少ないコマーシャル・ペーパーなどの現金同等物が含まれている。
　キャッシュ・フロー計算書は、日本においては2000年に第3の財務諸表として導入され、上場会社等を対象として連結キャッシュ・フロー計算書（連結子会社がない場合は個別）の開示が求められているが、会社法では規定がないために開示は求められていない。キャッシュ・フロー計算書の基本的な仕組みを示すと、図表6—1となる。

第2章で言及したようにキャッシュ・フロー計算書は、3つの活動によるキャッシュ・フローに段階的に区分される。すなわち、①営業活動によるキャッシュ・フロー、②投資活動によるキャッシュ・フロー、③財務活動によるキャッシュ・フロー、の3つである。これら3つの活動によるキャッシュ・フローが加算・減算されることにより、当期の現金及び現金同等物の増減額が算出される基本的な仕組みとなっている。

図表6－1　キャッシュ・フロー計算書の基本的な仕組み

Ⅰ　営業活動によるキャッシュ・フロー
Ⅱ　投資活動によるキャッシュ・フロー
Ⅲ　財務活動によるキャッシュ・フロー
現金及び現金同等物の純増減額 現金及び現金同等物の期首残高 現金及び現金同等物の期末残高

　それではなぜ、キャッシュ・フロー計算書が第3の財務諸表として開示されることが必要となったのであろうか。損益計算書は企業に流入する収益と流出する費用をあらわし、収益と費用の差額として当期純利益を算出する計算表であり、フローの情報をあらわす意味ではキャッシュ・フロー計算書と類似している。しかし、損益計算書で算出される当期純利益の金額は、手元に残る現金残高を表すものではないため、当期純利益を計上する企業であっても現金が不足し、支払いが不可能となる企業があり得る。「勘定合って銭足らず」という状況である。複式簿記を用いて正しく当期純利益を計算することはできたが、実際に手元に残っている現金は不足しており、支払いに困窮する状況を示す言葉である。中小企業などにおいて当期純利益を計上しているのに、現金不足で支払いが不可能となり、倒産に陥る場合を「黒字倒産」と呼んでいる。

　したがって、支払いに充てることができるキャッシュを把握することが、損益計算書で算出される当期純損益とは別に重要なのである。損益計算書における収益と費用は、発生主義会計により計上されるため、実際の現金収入・現金支出とは異なることに留意が必要である。

(1) 営業活動によるキャッシュ・フロー

　キャッシュ・フロー計算書における第1の区分は、営業活動によるキャッシ

ュ・フローである。営業活動によるキャッシュ・フローは、その企業の本業（営業活動）におけるキャッシュ・フローを表し、損益計算書における営業利益を計算する段階にほぼ対応するものである。

なお、キャッシュ・フロー計算書は、直接法と間接法の２つの表示方法があるが、後者の表示方法を採用する企業がほとんどである。

間接法は、既に開示されている財務諸表の情報を組みかえることで作成・開示されるが、直接法では、他の財務諸表の情報から得られない独自の営業活動のキャッシュの流れが新たに開示されることになる。企業としては間接法の方が情報開示を制限できるので、間接法の方が都合がよいのである。

間接法では、損益計算書で算出された税引前当期純利益から計算を出発する。税引前当期純利益から、実際には現金支出をしていない損益計算書上の費用の科目を加算する。具体的には、減価償却費、引当金繰入、減損損失は、損益計算書では費用に計上される科目であるが、実際には現金支出が行われた科目ではないので、営業活動によるキャッシュ・フローの計算では加算（プラス）する。

つまり、損益計算では費用が発生したので費用として計上されるが、実際には現金の支出はなかった項目を足し戻す処理をするのである。減価償却費、引当金繰入、減損損失は、損益計算上は費用として計上されるが、これらの資金は現金支出されずに留保されるため、営業活動によるキャッシュ・フローの計算上では加算するのである。

損益計算書における売上高には、売上債権（売掛金、受取手形）の増加による金額が含まれているが、売上債権は現金収入となっていないため、営業活動によるキャッシュ・フローでは減算（マイナス）する。棚卸資産の増加分は、商品を仕入れる際に現金が支出されているため、営業活動によるキャッシュ・フローでは減算（マイナス）する。仕入債務（買掛金、支払手形）の増加分は、損益計算書における売上原価に含まれているものであるが、仕入債務の増加分は、いまだ現金支出が行われていないため、損益計算で減算（マイナス）項目である売上原価から足し戻す（プラス）処理をする。

つまり、損益計算書で算出された税引前当期純利益から出発して、損益計算書をさかのぼる形で、営業活動によるキャッシュ・フローが計算されるのであ

図表6—2　損益計算書から営業活動キャッシュ・フローへの組み替え（間接法）

〈損益計算書の計算〉

（現金収支を伴わない項目のみ列挙）

売上高　　　　　　5,000
　（現金収入ではない売上債権の増加　200）

－売上原価　　　　3,000
　（現金支出ではない仕入債務の増加　300）

－減価償却費　　　　150（現金支出ではない費用）

－引当金繰入　　　　100（現金支出ではない費用）

－減損損失　　　　　100（現金支出ではない費用）

税引前当期純利益　　300

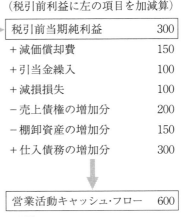

〈営業活動キャッシュ・フローの計算〉

（税引前利益に左の項目を加減算）

税引前当期純利益	300
＋減価償却費	150
＋引当金繰入	100
＋減損損失	100
－売上債権の増加分	200
－棚卸資産の増加分	150
＋仕入債務の増加分	300
営業活動キャッシュ・フロー	600

出所：小栗崇資［2016］『コンパクト財務会計』中央経済社、112頁。

る（図表6—2）。

　図表6—2では、営業活動によるキャッシュ・フローは600となる。

　営業活動によるキャッシュ・フローは、その企業の本業でのキャッシュ・フローをあらわすものであり、プラスであるかマイナスであるかは本業の成否をあらわす重要な指標である。

（2）投資活動によるキャッシュ・フロー

　キャッシュ・フロー計算書における第2段階の区分は、投資活動によるキャッシュ・フローである（図表6—3）。投資活動によるキャッシュ・フローは、有価証券や有形固定資産の取得による支出・売却収入、金融投資に関するキャッシュ・フローを表している。

　投資を積極的に行う企業では、投資活動によるキャッシュ・フローがマイナスとなる。なぜなら、有価証券の取得（購入）による支出、有形固定資産の取得（購入）による支出など、設備投資や金融投資への支出が増加するからである。

一方、投資活動によるキャッシュ・フローがプラスとなる企業は、有価証券や有形固定資産を売却して、投資したキャッシュを回収していることを示す。したがって、過去に投資した資産を売却することにより収入を得ている状況であると読み取ることができる。

図表6－3　投資活動によるキャッシュ・フロー

```
Ⅱ　投資活動によるキャッシュ・フロー
　　有価証券の取得による支出
　　有価証券の売却による収入
　　有形固定資産の取得による支出
　　有形固定資産の売却による収入
　　貸付けによる支出
　　貸付金の回収による収入
　　……………………
　　投資活動によるキャッシュ・フロー
```

　このように投資活動によるキャッシュ・フローがプラスである場合、投資を引きあげて過去に投資して取得した資産を売却することにより売却収入を得ているのか否か、営業活動および財務活動キャッシュ・フローの状況とともに検討する必要がある。

（3）財務活動によるキャッシュ・フロー

　キャッシュ・フロー計算書における第3段階の区分は、財務活動によるキャッシュ・フローである（図表6－4）。財務活動によるキャッシュ・フローでは、借入金収入と借入金の返済、社債発行や株式発行、自己株式の取得など、財務に関するキャッシュ・フローの状況を知ることができる。

　株式の発行や借入れなど、資金調達を行う場合、財務活動によるキャッシュ・フローはプラスになる。一方、借入金の返済や社債の償還など、支出が多くなる場合、財務活動によるキャッシュ・フローはマイナスとなる傾向にある。つまり、資金調達よりも借入金の返済などが多い場合、財務活動によるキャッシュ・フローはマイナスになるといえる。また、営業活動によるキャッシュ・フローと財務活動によ

図表6－4　財務活動によるキャッシュ・フロー

```
Ⅲ　財務活動によるキャッシュ・フロー
　　短期借入れによる収入
　　短期借入金の返済による支出
　　長期借入れによる収入
　　長期借入金の返済による支出
　　社債の発行による収入
　　社債の償還による支出
　　株式の発行による収入
　　自己株式の取得による支出
　　……………………
　　財務活動によるキャッシュ・フロー
```

るキャッシュ・フローを比較して、後者の金額が大きな場合、本業でキャッシュを得られない分を後者で埋め合わせていることが考えられるため、前者とともに検討する必要がある。

その際には、投資活動のキャッシュ・フローがプラスか否かも注目する必要がある。

(4) キャッシュ・フロー計算書の基本的な見方

以上の3つの活動によるキャッシュ・フローの増減は、最終的に当期の現金及び現金同等物の増減額として表示される。この現金及び現金同等物の増減額は、企業の支払能力などをあらわす指標として重要である。

現金及び現金同等物が増加していく場合には、余裕資金となるであろうが、現金及び現金同等物が減少した場合には、労働者への不利益変更（解雇や雇い止め、賃金の切り下げ）が実施される要因となることも考えられる。たとえば、2008年頃のリーマン・ショックによる経済的下降時に、キャッシュが急減した企業において非正規雇用者を雇い止めした事例を挙げることができる。したがって、営業活動によるキャッシュ・フロー、投資活動によるキャッシュ・フロー、財務活動によるキャッシュ・フローより、各区分のキャッシュ・フローの状況を読み取り、最終的に当期の現金及び現金同等物がどのような要因で増減したのかを把握することが重要である。

一般的にいえば、営業活動によるキャッシュ・フローのプラスの金額が大きければ、その余剰分を活用して、投資活動にキャッシュを用いることができる。この第2段階の投資活動によるキャッシュ・フローにおいても余剰が生じている場合は、フリー・キャッシュ・フロー（営業活動＋投資活動によるキャッシュ・フロー）となり、財務活動において借入金の返済へ回すことができる。またキャッシュが不足していれば借入金などで資金調達することとなる。

すなわち、キャッシュ・フロー計算書は、①営業活動によるキャッシュ・フローの収支、②営業活動によるキャッシュ・フローで生じたプラスにより行う投資活動によるキャッシュ・フローの収支、③それら収支の状況を考慮した上での財務活動によるキャッシュ・フローの収支、④ ①〜③の3つの活動によ

り算出される当期の現金及び現金同等物の増減、の４つのポイントを把握することが非常に重要である。さらに、基本的なキャッシュの流れを把握した上で各段階の項目を読み取り、キャッシュ・フロー計算書に加えて注記事項にも目を配った詳細な分析に進むとよいと考える。

2　日産のキャッシュ・フロー計算書を読む

　実際に公表されている日産の連結キャッシュ・フロー計算書が図表６─５である。ここでは基本的なキャッシュ・フローの読み方からはじめて、特徴的な項目を要約することにより説明していきたい。加えて、３つの活動によるキャッシュ・フローから日産の連結キャッシュ・フロー計算書の特徴を読み取っていくこととしたい。

　(1)日産の連結キャッシュ・フロー計算書を読む前に、日産の連結キャッシュ・フロー計算書の資金の範囲を確認しておきたい。注記事項では、次のように記載されている。

　「連結キャッシュ・フロー計算書における資金（現金及び現金同等物）は手元資金、随時引き出し可能な預金及び容易に換金可能であり、かつ価値の変動について僅少のリスクしか負わない取得日から３カ月以内に償還期限の到来する短期投資からなる。」

　(2)営業活動によるキャッシュ・フローはプラス１兆3,354億円、投資活動によるキャッシュ・フローはマイナス１兆3,776億円、財務活動によるキャッシュ・フローはプラス3,206億円である。本業が順調（プラス１兆3,354億円）であるが、投資活動によるキャッシュ・フローのマイナス金額が多額（マイナス１兆3,776億円）であるため、当期の現金及び現金同等物は減少（マイナス348億円）している。

　(3)営業活動によるキャッシュ・フローの区分を見ると、最初に税引前当期純利益9,651億円が計上されており、続いて実際には現金が支出されていない損益計算上の費用項目が計上されている。すなわち、減価償却費8,410億円、減

図表6—5　日産　連結キャッシュ・フロー計算書
2016年4月～2017年3月

(単位：百万円)

営業活動によるキャッシュ・フロー	
税金等調整前当期純利益	965,157
減価償却費（リース車両除く固定資産）	391,798
減価償却費（長期前払費用）	22,910
減価償却費（リース車両）	426,349
減損損失	5,532
退職給付信託設定益	
貸倒引当金の増減額（△は減少）	22,959
リース車両残価損失純増減（△は益）	63,049
品質関連費用	―
受取利息及び受取配当金	△25,284
支払利息	119,310
持分法による投資損益（△は益）	△148,178
固定資産売却損益（△は益）	2,142
固定資産廃棄損	11,253
投資有価証券売却損益（△は益）	3,865
関係会社株式売却損益（△は益）	△111,502
事業譲渡損益（△は益）	△9,788
売上債権の増減額（△は増加）	△42,584
販売金融債権の増減額（△は増加）	△765,894
たな卸資産の増減額（△は増加）	△32,660
仕入債務の増減額（△は減少）	296,060
退職給付会計基準変更時差異の処理額	
退職給付費用	26,707
退職給付に係る支払額	△24,517
その他	190,498
小計	1,387,182
利息及び配当金の受取額	24,467
持分法適用会社からの配当金の受取額	127,772
利息の支払額	△117,213
法人税等の支払額	△86,735
営業活動によるキャッシュ・フロー	1,335,473

投資活動によるキャッシュ・フロー	
短期投資の純増減額（△は増加）	△2,119
固定資産の取得による支出	△503,745
固定資産の売却による収入	72,814
リース車両の取得による支出	△1,293,840
リース車両の売却による収入	512,375
長期貸付けによる支出	△1,581
長期貸付金の回収による収入	2,096
投資有価証券の取得による支出	△270,228
投資有価証券の売却による収入	—
連結の範囲の変更を伴う子会社株式の売却による収入（△は支出）	97,055
連結の範囲の変更を伴う子会社株式の取得による収入（△は支出）	—
拘束性預金の純増減額（△は増加）	4,779
事業譲渡による収入	9,582
その他	△4,814
投資活動によるキャッシュ・フロー	△1,377,626
財務活動によるキャッシュ・フロー	
短期借入金の純増減額（△は減少）	16,119
長期借入れによる収入	1,724,688
社債の発行による収入	878,641
長期借入金の返済による支出	△1,369,795
社債の償還による支出	△344,009
少数株主からの払込みによる収入	1,275
自己株式の取得による支出	△277,419
自己株式の売却による収入	128
ファイナンス・リース債務の返済による支出	△26,265
配当金の支払額	△182,803
少数株主への配当金の支払額	△99,950
財務活動によるキャッシュ・フロー	320,610

現金及び現金同等物に係る換算差額	△34,875
現金及び現金同等物の増減額（△は減少）	243,582
現金及び現金同等物の期首残高	992,095
新連結に伴う現金及び現金同等物の増加額	5,447
現金及び現金同等物の期末残高	1,241,124

出所：日産自動車［2017］『有価証券報告書』3月期。

損損失 55 億円が計上されている。これらの科目は、発生主義会計によって計上された現金の支出を伴わない項目であるため、足し戻して加算（プラス）している。

売上債権の増加 425 億円は、損益計算書上で売上高を増やしたものであるが、売掛金や受取手形は未回収でありキャッシュが増えているわけではないため、減算（マイナス）している。

販売金融債権の増加 7,658 億円は、損益計算書上での売上高を増やしたが、売上債権と同様に未回収でありキャッシュは増えていないため、減算（マイナス）している。この販売金融債権の増加は金額が大きいため、貸倒引当金の増加分 229 億円が適切な補充分であるのかなど、注意を払って分析する必要がある。

棚卸資産の増加 326 億円は、棚卸資産（在庫の商品）の購入にキャッシュが支出されているが、当期の費用が発生したものではないことに注意が必要である。棚卸資産の増加は、減算（マイナス）している。

仕入債務の増加 2,960 億円は、商品を仕入れて費用は発生しているが、買掛金や支払手形の支払いは実行されていないため、キャッシュは支出されていないことを示している。したがって、仕入債務の増加は、加算（プラス）している。

(4)企業会計協議会「連結キャッシュ・フロー計算書等の作成基準」の二・表示区分によると、「営業活動によるキャッシュ・フローの区分には、営業損益計算の対象となった取引のほか、投資活動及び財務活動以外の取引によるキャッシュ・フローを記載する」ため、持分法に関する項目などが営業活動によるキャッシュ・フローに記載されている。

(5)利息・配当金の取扱いについては、キャッシュ・フロー計算書において 2 つの表示方法が認められている。

①受取利息や受取配当金、支払利息を営業活動に付随して発生していることを重視し、営業活動によるキャッシュ・フローに表示する方法である。この方法では、支払配当金は財務活動によるキャッシュ・フローに表示する。

②受取利息や受取配当金は投資活動の成果として得られる収入であることを重視し、投資活動によるキャッシュ・フローに表示する方法がもう 1 つの方法

である。この場合、支払利息、支払配当金は財務活動によるキャッシュ・フローに表示する。

　日産のキャッシュ・フロー計算書では、前者の表示方法を採用していることが確認できる。また、持分法適用会社からの受取配当金については、利息・配当金の表示で採用した方法を用いるため、日産は持分法適用会社からの受取配当金を営業活動によるキャッシュ・フローに表示している。

　(6)投資活動によるキャッシュ・フローは、1兆3,776億円のマイナスとなっており、当期の現金及び現金同等物の減少348億円に大きく影響している。基本的に、資産を購入する際にはキャッシュが支出され、資産を売却して得た収入があればキャッシュは増加する関係がある。この関係を確認してみると、次のとおりである。

　①固定資産の状況については、固定資産の取得支出がマイナス5,037億円に対し、固定資産売却収入がプラス728億円である。固定資産の購入による支出が売却収入より上回っており、マイナス4,309億円である。

　②リース車両の状況については、リース車両の取得支出がマイナス1兆2,938億円に対し、リース車両売却収入がプラス5,123億円である。リース車両についても、購入による支出が売却収入を上回っており、その金額はマイナス7,814億円である。したがって、リース車両の取得に当期は最も投資していたことがわかる。

　③投資有価証券の状況については、投資有価証券取得支出がマイナス2,702億円に対し、投資有価証券売却収入は計上されていない。投資有価証券の購入による支出金額が2,702億円となっている。

　固定資産、リース車両、投資有価証券のいずれの項目でも、積極的に投資（取得支出）を行ったために、投資活動によるキャッシュ・フローが1兆3,776億円のマイナスとなったことがわかる。特に、リース車両の購入による支出が1兆2,938億円もの多額となっていることに留意する必要がある。これらの「投資＝資産の取得」が今後の経営成果として、どのようにあらわれるのか、その成否に注目する必要がある。

　(7)財務活動によるキャッシュ・フローは、3,206億円のプラスとなっている。財務活動によるキャッシュ・フローでは、基本的に負債が増加する際にはキャ

ッシュが入り増加し、負債が減少（借入金などの債務の返済、社債の償還）する際にはキャッシュが減少する関係がある。

　①長期借入金の状況については、長期借入金収入が1兆7,246億円に対し、長期借入金返済支出が1兆3,697億円となっている。長期借入金収入と長期借入金返済支出の収支差額を算出すると、プラス3,548億円である。手元に3,548億円のキャッシュが増加したことになるが、この増加分は長期借入金収入によるものであるから、長期借入金という負債が増加していることに留意が必要である。

　②社債の状況については、社債発行収入が8,786億円に対し、社債償還支出が3,440億円となっている。両者の収支差額を算出するとプラス5,346億円であり、財務活動によるキャッシュ・フローのプラスに貢献していることがわかる。

　③自己株式については、自己株式取得支出が2,774億円に対し、自己株式売却収入は1億2,800万円である。両者の収支差額を算出するとマイナス2,772億円であり、当期は自己株式の取得によりキャッシュを減少させた年度であったことが確認できる。

　④キャッシュが減少した要因の1つとして、株主への配当金支払が1,828億円あり、少数株主への配当金支払が999億円あることも確認できる。両者を合計すると、2,827億円のキャッシュが配当金の支払いとして減少したことがわかる。

3　日産の連結キャッシュ・フローの推移

　次に図表6－6に基づいて日産における10年間の連結キャッシュ・フローの推移を分析しよう。

　(1)営業活動によるキャッシュ・フローは、2007年度に1兆3,422億円に達したが、リーマン・ショックの影響を受けた2008年度は8,907億円に減少した。2009年度には1兆1,772億円に回復したが、2010年度・2011年度にはリ

ーマン・ショック時を下回って半分程度の金額に減少し、さらに 2012 年度には 3,908 億円まで減少した。その後、回復基調に転じ、2016 年度には 1 兆 3,354 億円にまで回復している。

(2)投資活動によるキャッシュ・フローは、営業活動によるキャッシュ・フローが減少するなかで、2007 年度の△8,676 億円から 2010 年度の△3,311 億円まで抑制されてきたが、2011 年度以降は積極的な投資活動に転じている。2011 年度は△6,850 億円、2012 年度は△9,571 億円、そして 2013 年度以降は△1 兆円を超える金額で投資活動が行われている。

(3)フリー・キャッシュ・フロー（営業活動 CF ＋投資活動 CF）は、2007 年度から 2011 年度では数値がプラスに推移していたが、2012 年度以降は数値がマイナスに転じている。この傾向は、営業活動によるキャッシュ・フローの回復傾向を上回る積極的な投資活動が行われたことが、フリー・キャッシュ・フローをマイナスにさせた要因であると読み取ることができる。

(4)財務活動によるキャッシュ・フローは、マイナスの年度が 4 年度（2007、2008、2009、2011 年度）であり、プラスの年度が 6 年度（2010、2012〜2016 年度）となっている。2012 年度以降、財務活動によるキャッシュ・フローはプラス傾向である。これは営業活動によるキャッシュ・フローで、投資活動によるキャッシュ・フローのマイナスを賄えないために、財務活動によるキャッシュ・フローのプラスで埋め合わせていることを示している。

(5)期末の現金及び現金同等物は、10 年間で最少の金額である 2007 年度の 5,841 億円、1 兆円を超えた 2010・2016 年度を除くと、7,000〜9,000 億円に推移している。2011 年度以降の積極的な投資活動により、フリー・キャッシュ・フローがマイナスに転じたが、負債の増加などの資金調達により財務活動キャッシュ・フローをプラスにすることで期末の現金及び現金同等物は一定の水準で保有し続けていることが読み取れる。

本章のおわりに、キャッシュ・フロー計算書を読む上で留意すべき点を挙げておきたい。キャッシュ・フロー計算書は、一般的に次のような長所や特徴があるといわれている。

①営業活動、投資活動、財務活動という 3 つに区分されることによって、キ

ッシュの流れがわかりやすい計算表であること、②損益計算書において算出されている利益は、発生主義会計によって算出されているため、実際の現金の入出金が伴っていない場合がある。しかし、キャッシュ・フロー計算書では、実際の現金の入出金の状況がわかるため、利益の実態が資金面から明らかになること、③キャッシュ・フロー計算書は、実際の現金や現金同等物の動きを把握するため、粉飾決算などの会計操作をすることが比較的難しいこと、が挙げられる。

しかし、キャッシュ・フロー計算書には、次のような問題点や特徴があることを指摘しておきたい。①手元のキャッシュ・フローを増加させるために、売上債権の回収を早め、仕入債務の支払いを遅らせる経営行動を助長させる傾向があること、②キャッシュ・フロー計算書の開示により、経営者から資金不足であることが主張される場合が考えられる。このような場合、過去の利益の蓄積である内部留保が無視され、資金不足を根拠として労働条件の不利益変更が主張される例があること、③キャッシュ・フローを重視する経営は短期的視点に基づいて意思決定がなされる傾向があり、中長期的視点での意思決定・経営戦略が損なわれること、④キャッシュ・フロー計算書を読むことにより、経営者の投資行動を読み取ることができること、が挙げられる。

キャッシュ・フロー計算書は、いわば経営者の考え方（意思決定）を反映した計算表であるといえるため、正確な企業分析を行う上で欠かせない分析対象

図表6―6　日産のキャッシュフローの推移

| | 2007年度 | 2008年度 | 2009年度 | 2010年度 | 2011年度 |
	平成19年度	平成20年度	平成21年度	平成22年度	平成23年度
営業CF	1,342,284	890,726	1,177,226	667,502	696,297
投資CF	－867,623	－573,584	－496,532	－331,118	－685,053
FCF	474,661	317,142	680,694	336,384	11,244
財務CF	－307,002	－135,013	－663,989	110,575	－308,457
CF増加額	114,681	154,369	14,466	386,644	－312,843
期末cash	584,102	746,912	761,495	1,153,453	840,871

出所：日産自動車『有価証券報告書』各年3月期より作成。

であるといえよう。

(参考文献)

大橋英五［2005］『経営分析』大月書店。

小栗崇資・谷江武士編著［2010］『内部留保の経営分析―過剰蓄積の実態と活用』学習の友社。

小栗崇資［2016］『コンパクト財務会計』中央経済社。

谷江武士［2009］『キャッシュ・フロー会計論』創成社。

山口孝・山口不二夫・山口由二［2001］『企業分析（増補版）』白桃書房。

(単位：百万円)

2012年度	2013年度	2014年度	2015年度	2016年度
平成24年度	平成25年度	平成26年度	平成27年度	平成28年度
390,897	728,123	692,747	927,013	1,335,473
－957,137	－1,080,416	－1,022,025	－1,229,280	－1,377,626
－566,240	－352,293	－329,278	－302,267	－42,153
455,627	396,925	245,896	530,606	320,610
－42,890	119,482	－32,722	183,232	243,582
798,361	832,716	802,612	992,095	1,241,124

第7章　成長性の分析

1　企業の成長性

（1）成長性の分析とは

　企業の成長とは、経済活動が量的に伸び、規模的に拡大してゆくことをいい、一般的に財務諸表から数字を抽出して、その増減によって分析される。しかし、1年分の指標を切り取っただけでは、企業の経営の傾向と特質を把握することが難しい。そして永遠に右肩上がりの成長は不可能に近い。日本企業はこれまで、失われた20年と呼ばれるバブル経済の崩壊による長期的な経済停滞や東日本大震災といった困難に直面し、これを乗り越えた多くの企業は、少なからず量的・規模的収縮を伴いながら成長を果たしてきている。また、一般的に売上高とは企業にとり重要な指標であるが、売上高の動きを取り上げて成長性を判断するのみならず、売上高と利益の関係をはじめ、各指標との関係を相互に捉えて考えてゆくことも重要である。
　つまり、成長性とは、複数年以上の指標の変動を比較しながら、その変動が起こった要因も合わせて分析することである。加えて、その動きが企業特有のものなのか判断するためにも、同業他社や業種別経営指標および平均値と比較することでより適切に理解できる。

(2) 成長性の分析指標

　成長性を分析するためには、連結および単体それぞれの貸借対照表、損益計算書項目のすべてを見ていく必要があるが、その中でも重要となるのが、売上高、経常利益、総資産であるといえる。加えて①売上債権、②有価証券、③棚卸資産（在庫）、④有形固定資産、⑤投資その他の資産（投資等）、⑥仕入債務、⑦借入金、⑧自己資本、⑨資本金・資本準備金、⑩営業利益、⑪当期純利益、⑫従業員数（および臨時従業員数）など、顕著な動きがあるかどうかも併せて分析を行う必要がある。

　代表的な分析手法には、増減率分析がある。増減率は業績の伸びや収縮を分析するもので、一般的には前年度の数値を分析することが多く、どの程度増減したのかは、次のように求めることができる。

$$増減率（\%）= \frac{（当年度の数値 － 基準年度の数値）}{基準年度の数値} \times 100$$

これにより求められた数値がプラスであれば基準年度よりも伸びており、マイナスであれば収縮していることを示す。

　しかし、その増減について特定の年（基準年度）を基軸として長期的な動きを見てゆく場合、趨勢比率分析を用いることができ、次のように求める。

$$各年度の趨勢比率（ポイント）= \frac{各年度の数値}{基準年度の数値} \times 100$$

　この比率が100ポイントを超えていれば基準年度より拡大しており、下回っていれば縮小していることがわかる。ただし、これは基準年により結果が変動するため、基準となる年の設定は特殊な環境に置かれていない方が望ましいといえる。

2　成長性の指標

　ここで、具体的に日産の成長性について趨勢比率を用いながら見てゆく。

　図表7―1は日産の連結損益計算書の売上高、営業利益、経常利益、当期純利益（親会社説に基づく[1]）の財務情報である。このような数値から成長性を分析するため、図表7―2では、1988年度を基準年として趨勢比率を求め、さらに、これらの相関関係をわかりやすく可視化するために、図表7―3ではグラフ化している。損益計算書の値は毎年期首にゼロから始まるため、基準年と比較してその年のみに発生した規模を示す。

　基準年はバブル経済の最中であり、そこから2016年度までのおよそ30年間の動きが確認できる。1990年代の売上高は横ばいで、利益については、特に本業の業績である営業利益がマイナスになると、経常損失、当期純損失を拡大させるなど、全体的に収縮傾向にあった。それが一転するのは、2000年度以降である。売上高は、ゆるやかな右肩上がりとなり、2016年には2倍にまで規模を拡大させ、利益についても、当期純利益が大きな落ち込みを見せた1999年度を除き、規模は異なりながらも、ほぼ同じ形状を描きつつ推移している。そして、2回の著しい収縮と回復を示しながら、最終的に営業利益や経常利益は2倍強、当期純利益は7倍と、売上高を上回る成長をとげた。

　また、図表7―4、7―5では日産の連結貸借対照表を構成する総資産、負債、資本（純資産[2]）の動きを示している。貸借対照表項目は損益計算書項目と異なり、期首に前年度の数字を引き継ぐため、数値は基準年からどの程度積算して拡大または収縮したのかがわかる。

　1）親会社説は連結財務諸表は親会社のために作成されるという考え方であり、これに基づくと当期純利益は親会社にすべて帰属するとみなす。
　2）1998年度以降は資本（純資産）に少数株主持分が含まれている。それ以前については負債、資本ともに含めていない。

図表7―1　日産の業績

	1988年度	1989年度	1990年度	1991年度	1992年度
売上高	4,811,691	5,645,169	5,964,912	6,417,931	6,197,599
営業利益	858,531	352,953	125,928	146,618	△7,175
経常利益	200,819	333,110	72,401	85,739	△108,109
当期純利益	120,813	124,091	53,150	102,504	△60,028
	1998年度	1999年度	2000年度	2001年度	2002年度
売上高	6,580,001	5,977,075	6,089,620	6,196,241	6,828,588
営業利益	109,722	82,565	290,314	489,215	737,230
経常利益	24,463	△1,642	282,309	414,744	710,069
当期純利益	△28,812	△722,568	352,230	378,918	495,926
	2008年度	2009年度	2010年度	2011年度	2012年度
売上高	8,436,974	7,517,277	8,773,093	9,409,026	9,629,574
営業利益	△137,921	311,609	537,467	545,839	523,544
経常利益	△172,740	207,747	537,814	535,090	529,320
当期純利益	△255,709	50,080	348,014	377,823	370,363

出所：日産自動車『有価証券報告書』各年3月期より作成。

図表7―2　日産の趨勢比率

	1988年度	1989年度	1990年度	1991年度	1992年度
売上高	100.0	117.4	105.7	113.7	109.8
営業利益	100.0	41.2	35.7	41.6	△2.1
経常利益	100.0	165.9	21.8	25.8	△32.5
当期純利益	100.0	102.8	42.9	82.7	△48.4
	1998年度	1999年度	2000年度	2001年度	2002年度
売上高	116.6	105.9	107.9	109.8	121.0
営業利益	31.1	23.4	82.3	138.7	208.9
経常利益	7.4	△0.5	84.8	124.6	213.2
当期純利益	△23.3	△582.3	283.9	305.4	399.7
	2008年度	2009年度	2010年度	2011年度	2012年度
売上高	149.5	133.2	155.5	166.7	170.6
営業利益	△39.1	88.3	152.3	154.7	148.4
経常利益	△51.9	62.4	161.5	160.7	159.0
当期純利益	△206.1	40.4	280.5	304.5	298.5

出所：日産自動車『有価証券報告書』各年3月期より作成。

(連結損益計算書)　　　　　　　　　　　　　　　　　　　　　　(単位：百万円)

1993年度	1994年度	1995年度	1996年度	1997年度
5,800,857	5,834,123	6,039,107	6,658,875	6,564,637
△144,017	△105,509	41,311	196,523	84,346
△202,365	△223,259	△53,440	140,699	4,695
△96,740	△166,192	△89,257	77,743	△15,162
2003年度	2004年度	2005年度	2006年度	2007年度
7,429,219	8,576,277	9,428,292	10,468,583	10,824,238
824,855	861,160	871,841	776,939	790,830
809,692	855,700	845,872	761,051	766,400
517,457	535,170	554,633	485,270	505,250
2013年度	2014年度	2015年度	2016年度	
10,482,520	11,375,207	12,189,519	11,720,041	
498,365	589,561	793,278	742,228	
527,189	694,232	862,272	864,733	
414,327	490,097	552,793	700,518	

(連結損益計算書)　　　　　　　　　　　　　　　　　　　　　　(単位：ポイント)

1993年度	1994年度	1995年度	1996年度	1997年度
102.8	103.4	107.0	118.0	116.3
△40.9	△29.9	11.8	55.7	23.9
△60.8	△67.1	△16.1	42.3	1.5
△78.0	△134.0	△72.0	62.7	△12.3
2003年度	2004年度	2005年度	2006年度	2007年度
131.7	152.0	167.1	185.5	191.8
233.8	244.0	247.1	220.2	224.1
243.1	256.9	254.0	228.5	230.1
417.0	431.3	447.0	391.1	407.2
2013年度	2014年度	2015年度	2016年度	
185.7	201.6	216.0	207.7	
141.2	167.1	224.8	210.3	
158.3	208.5	258.9	259.6	
333.9	395.0	445.5	564.6	

総資産の成長に焦点を当てると30年で3倍以上となっている。しかし第2章にあるように、貸借対照表の資産を調達する源泉には、負債および資本（純資産）があるため、これらの動きをともに確認する必要があり、第10章でみる安全性の観点からは、負債に過度に依存していないことが望ましい。実際に日産は、基準年から1999年度までに資本がほぼ半減しているため、1990年代

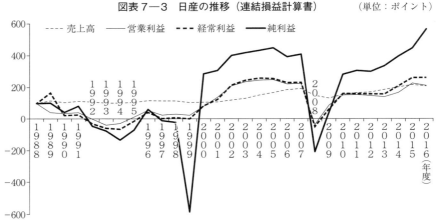

図表7-3　日産の推移（連結損益計算書）　（単位：ポイント）

出所：日産自動車『有価証券報告書』各年3月期より作成。

図表7-4　日産の趨勢比率

	1988年度	1989年度	1990年度	1991年度	1992年度
総資産	100.0	121.2	112.4	123.2	125.1
負債	100.0	128.5	117.8	132.4	137.6
資本（純資産）	100.0	107.6	100.5	102.4	97.1
	1998年度	1999年度	2000年度	2001年度	2002年度
総資産	120.5	113.9	112.3	125.6	128.0
負債	142.1	139.8	136.4	139.0	137.3
資本（純資産）	70.8	52.5	54.1	91.5	102.0
	2008年度	2009年度	2010年度	2011年度	2012年度
総資産	178.3	177.9	186.9	192.8	222.9
負債	184.2	181.3	187.9	192.0	219.9
資本（純資産）	165.1	170.1	184.7	194.6	229.8

出所：日産自動車『有価証券報告書』各年3月期より作成。

の成長は負債に依存することで達成したことになり、むしろ財務的安定性の低下を招いている。そのため、このような総資産の拡大は健全とはいえないだろう。しかし、2000年度からは一転して資本（純資産）も右肩上がりとなっている。これは、業績の好転によるものだが、中でも当期純利益は、配当等を行った後、内部留保（利益剰余金³⁾）として企業内部へ蓄積されるため、資本を構成する利益剰余金の増加が、このような成長に結びついている。逆に、損失が生

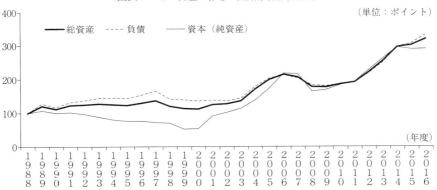

図表7―5　日産の推移（連結貸借対照表）

出所：日産自動車『有価証券報告書』各年3月期より作成。

（連結貸借対照表）　　　　　　　　　　　　　　　　　　（単位：ポイント）

1993年度	1994年度	1995年度	1996年度	1997年度
127.6	125.3	123.5	130.1	137.3
144.8	145.2	144.4	154.1	166.3
89.1	80.6	76.6	76.5	72.4
2003年度	2004年度	2005年度	2006年度	2007年度
136.9	171.5	199.9	215.9	207.9
144.4	179.5	204.2	214.7	203.7
114.2	139.1	174.2	218.7	217.1
2013年度	2014年度	2015年度	2016年度	
256.0	296.8	302.5	320.7	
252.6	297.1	308.0	333.7	
263.5	296.0	290.0	291.4	

図表7—6　ホンダの趨勢比率

	1988年度	1989年度	1990年度	1991年度	1992年度
売上高	100.0	110.5	111.7	114.0	107.3
営業利益	100.0	113.3	73.3	76.5	54.3
経常利益	100.0	88.5	86.8	86.0	58.3
当期純利益	100.0	84.0	93.4	79.5	45.5
	1998年度	1999年度	2000年度	2001年度	2002年度
売上高	161.8	158.3	167.8	191.1	206.9
営業利益	273.6	212.5	202.9	318.8	343.8
経常利益	342.2	273.5	253.1	362.5	400.9
当期純利益	373.5	321.3	284.4	444.1	522.4
	2008年度	2009年度	2010年度	2011年度	2012年度
売上高	259.9	222.7	232.0	206.3	256.4
営業利益	94.6	181.4	284.1	115.4	271.7
経常利益	106.4	221.0	414.5	169.2	321.4
当期純利益	184.8	346.0	689.9	271.9	480.7

出所：本田技研工業『有価証券報告書』各年3月期より作成。

じると、資本（純資産）額は減少してゆくため、1990年代の資本の減少はこのような損失によってもたらされたといえる。

（2）日産とホンダにおける成長性の比較

日産のようなグローバル企業は、日本のみならず、世界情勢や為替変動の影響を受けやすい傾向にあるため、そのような動向とともに成長性を分析する必要がある。とりわけ、為替変動は円高になると輸出産業、円安は輸入産業に影響を与え、自動車産業全体が常にその動きを注視している。たとえば、2016年度は第1四半期に急速に円高に移行したことから、自動車産業は、売上高、利益は減収減益となり、2017年度も引き続き、円高による減収が予想される

3）現在は「利益剰余金」であるが、過去には「連結剰余金」として計上されたり、または「利益準備金」に「その他剰余金」を加えたものとして計上されていた。

（連結損益計算書）　　　　　　　　　　　　　　　　（単位：ポイント）

1993年度	1994年度	1995年度	1996年度	1997年度
100.3	103.0	110.4	137.4	155.8
39.1	53.9	71.7	200.2	230.5
30.9	62.0	75.7	256.9	291.5
29.1	75.4	86.7	270.8	319.1
2003年度	2004年度	2005年度	2006年度	2007年度
211.9	224.6	257.2	287.8	311.6
299.2	314.6	433.2	424.7	475.2
422.0	431.8	535.5	521.2	588.9
568.5	595.3	731.0	749.8	768.1
2013年度	2014年度	2015年度	2016年度	
307.4	346.0	379.0	363.4	
374.1	334.4	251.0	419.2	
479.2	530.0	417.7	662.0	
745.3	687.0	497.5	831.8	

など、成長性へ与える影響も多大である。日産の2015年度、2016年度の純資産は、当期純利益が大きく伸びたにもかかわらず、横ばいである。これは、連結貸借対照表を作成する時の為替レートが「為替換算調整勘定」として影響を与えたためであり、これについては純資産を構成する勘定科目の推移を見ることで確認できる。

これらを含め、1社だけの推移ではなく、産業平均や同業他社と比較することによって、日産の特徴が浮かび上がってくることになり、ここでホンダの指標と簡単に比較してみたい。

図表7—6および7—7は日産と同様に導出したホンダの連結損益計算書の指標である。ホンダの売上高は30年間で約3倍に伸び、営業利益、経常利益、当期純利益は2016年度には4～8倍となっており、日産よりも拡大の規模は大きい。

ホンダはこの間3度、大きな落ち込みが見られる。その理由を確認すると、2008年度はリーマン・ショック、2011年度は東日本大震災、2015年度はリコール問題に端を発する業績悪化である。2015年度はホンダ固有の収縮で、日

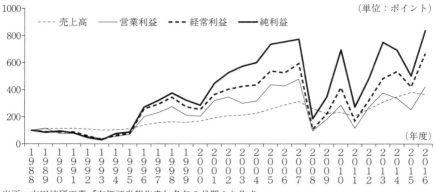

図表7－7　ホンダの推移（連結損益計算書）

出所：本田技研工業『有価証券報告書』各年3月期より作成。

図表7－8　ホンダの趨勢比率

	1988年度	1989年度	1990年度	1991年度	1992年度
総資産	100.0	124.5	103.9	111.0	106.0
負債	100.0	134.9	106.1	116.8	112.7
資本（純資産）	100.0	120.4	100.3	101.7	95.1
	1998年度	1999年度	2000年度	2001年度	2002年度
総資産	177.1	172.3	199.3	244.1	270.2
負債	186.0	168.8	195.4	248.3	287.2
資本（純資産）	162.7	178.0	205.7	237.4	242.5
	2008年度	2009年度	2010年度	2011年度	2012年度
総資産	415.7	409.0	406.9	414.3	479.5
負債	437.1	407.8	397.3	412.3	479.7
資本（純資産）	369.5	410.9	422.6	417.6	479.3

出所：本田技研工業『有価証券報告書』各年3月期より作成。

産とは無関係の要因である。リーマン・ショックは、その落ち込みが日産にもあらわれているが、東日本大震災は日産に変化がなく、影響を受けていないかのようである。そして、1999年度における日産の当期純利益のみの異常な落ち込みは、ホンダでは確認できないことから、これらの動きは後述するように日産の特徴として捉えることができるだろう。

また、図表7－8および7－9からホンダの連結貸借対照表の推移を見ると、

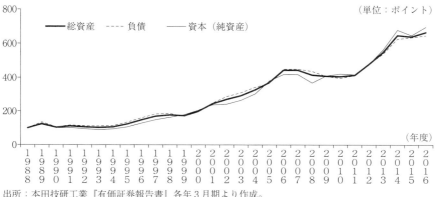

図表7—9 ホンダの推移（連結貸借対照表）

(連結貸借対照表)　　　　　　　　　　　　　　　　　　　　（単位：ポイント）

1993年度	1994年度	1995年度	1996年度	1997年度
102.8	106.1	123.7	147.4	169.4
111.1	113.6	134.9	159.4	182.4
89.2	93.9	105.6	128.1	148.3
2003年度	2004年度	2005年度	2006年度	2007年度
292.9	327.7	371.8	443.7	443.7
310.1	342.7	366.5	450.8	450.8
265.1	303.3	380.5	419.0	419.0
2013年度	2014年度	2015年度	2016年度	
549.4	648.0	641.1	666.7	
540.6	627.8	636.6	647.5	
563.7	680.8	648.4	698.0	

　総資産、負債、資本（純資産）がほぼ連動して推移しており、バブル経済の崩壊に直面しても、日産ほど収縮していない。1995年度までは横ばいで成長していないが、その後2000年代半ばまでは、利益の増大に呼応して資本（純資産）も右肩上がりとなっている。2000年代後半にリーマン・ショック等の経済危機を経て資本（純資産）の成長は縮小期に転じたものの、日産が1990年代に経験した負債依存の拡大ではなく、2016年度に至るまで資本（純資産）と

第7章　成長性の分析

負債双方の拡大によってその成長は支えられ、日産のような純資産への為替の影響も見られない。

3 日産における成長性の特徴

　このような日産の特徴がなぜ生じたのか、有価証券報告書などの情報を参考にしながら、その要因を見てゆきたい。

（1）収縮と経営計画の実行

　1990年代の日産は、営業利益や当期純利益は赤字に転じ、負債額が膨れ上がってゆくという疲弊した状況であった。そのような中、1998年度にフランス企業ルノーと出資提携が結ばれ、新たな経営者カルロス・ゴーン氏のもと経営再建が進められてゆく。その翌年の1999年度から2000年度にかけてのV字回復は目を見張るものがある。加えて、リーマン・ショックによる2008年度に収縮に転じた後も同様に劇的な回復が見てとれる。

　これを可能とした理由に日産の経営計画およびその実行がある。まず、資本提携後の1999年にゴーン氏によって発表された中期的な経営再生計画「日産リバイバル・プラン（NRP）」では、必達目標として①2000年度に連結当期利益の黒字化を達成、②2002年度には連結売上高営業利益率4.5%以上を達成、③2002年度末までに自動車事業の連結実質有利子負債を7,000億円以下に削減することを掲げ、これが未達成であれば、経営陣の辞任を約束した。この計画では新車種の投入による収益の増大も含められているが、主軸となるのが費用の削減である。1兆円もの費用をたった3年間で削減することを約束し、そのために従業員の解雇、子会社再編、資産売却を中軸とした計画が示されている。特に従業員数にいたっては、連結全体で2万1,000人もの削減を目指した。その結果、NRPに続く経営計画の発表に際し、掲げていた必達目標が早期に達成できたこと、そして2万1,000人を上回る従業員を削減できたことを成果

の1つとして強調している。

　また、2008年度は中期計画「日産 GT 2012」のもと経営を行っていたが、この経済危機に直面し、日産 GT 2012 を即中断して「リカバリー・プラン」を計画、発表、実行に移した。この計画の中心は、在庫管理の強化、投資抑制、そして労務費の削減であった。労務費については、1年間で1,750億円を削減するため、従業員2万人の削減を掲げ、ここでも NRP と同様に徹底した費用削減が「回復」を支えたといえる。

（2）会計処理方法の活用

　2000年度の V 字回復は、背水の陣を敷いた経営陣による NRP が大きく貢献したことは事実であるが、1999年度の経常損失と当期純損失が他の年と比較して大きく乖離していた点については、特別利益や特別損失が大きく影響しているといえる。

　図表7－10でその構成を確認すると、1999年度の特別損失の金額は約7,500億円と、1998年度および2000年度の10倍以上に膨らんでいる。その理由の1つは、会計処理の変更にある。1999年度には「製品保証引当金繰入額」、「年金過去勤務費用償却額」といった勘定科目が含まれており、その前後の年に見当たらない。これがまさに会計処理変更により計上されたもので、仮に、前年度と同様の処理を行った場合、経常利益を約287億円（費用負担軽減のため）、特別損失約2,822億円を増加させるとともに、翌年の2000年度は、有形固定資産の減価償却費を298億円減少させるなど会計処理の変更は大きな損失と、そこからの回復効果を生み出した。

　このように企業の業績は、会計処理の変更により容易に操作が可能になるため、いったん採用した会計処理は継続的に適用しなくてはいけないが、「正当な理由」がある場合には変更が可能であり、有価証券報告書にその会計処理の変更を記さなくてはならない。そこで、そのつど会計処理の変更およびそれによる影響を確認することが重要となる。

　そして、このような会計処理に加えて、ビッグ・バス効果を活用したことも V 字回復の要因である。ビッグ・バス効果とは利益の調整を意味し、損失計上

図表7－10　日産の特別利益・損失　　　　　　　　（単位：百万円）

		1998年度		1999年度		2000年度	
経常利益			24,463		△1,642		282,309
Ⅶ 特別利益							
	固定資産売却益	13,598		321		55,497	
	関係会社投資有価証券売却益	11,099		27,715		—	
	投資有価証券売却益	—		—		26,444	
	前期損益修正益	342		2,480		3,173	
	その他	7,368	30,407	8,106	38,622	3,050	88,164
Ⅷ 特別損失							
	固定資産廃却損	9,882		26,256		16,730	
	前期損益修正損	1,248		169		772	
	投資・債権評価損	30,973		51,668		16,378	
	特別退職金	4,440		—		—	
	年金過去勤務費用償却額	—		275,876		—	
	製品保証引当金繰入額	—		48,493		—	
	事業構造改革特別損失	—		232,692		—	
	その他	8,857	55,400	114,480	749,634	46,895	80,775
税金等調整前当期純利益			530		△712,654		289,698

出所：日産自動車『有価証券報告書』各年3月期より一部抜粋。

が免れない場合、その額を厭(いと)うことなく将来の費用なども前倒しして一気に計上することで、翌年以降は身軽になり業績が改善するように見える会計上の効果である。具体的に特別損失の「事業構造改革特別損失」は、1999年度の構造改革のみに生じたのではなく、2000年度以降の費用を前倒しして計上したものも含んでおり、そのような将来の費用を事前に計上した場合、1999年度負担分以外は貸借対照表の負債に同時に現れてくる。それが固定負債の「事業構造改革引当金」であり、およそ1,646億円計上されている。つまり、約1,646億円は次年度以降に発生するにもかかわらず、1999年度の費用とされ、日産は、上述のNRPによる事業構造改革をそれ以降も行いながら、それに係る費用は、2000年度に計上していない。

　このように意図的かつ複合的に会計処理を活用することによって1999年度の当期純利益はその乖離を招くとともに、その後のV字回復を導くことになった。

（3）連結範囲の変更

　2000年3月期以降、日本では国際会計基準の影響により上場企業では連結会計が主流となったが、経済が停滞する中、連結対象企業の業績が振るわず、親会社の業績を悪化させる要因となった。その解決策の1つが、業績に貢献しない企業を連結対象から除外する「連結はずし」である。これは連結納税が導入されるまで日産に限らず、商社、自動車、電機などで多くとられた方法である。

　一見、日産では何ら業績に変化がないかのように思われるが、NRPでは新たな連結を見据えて子会社削減を計画し、有価証券報告書では、2000年度313社あった子会社は2003年度には186社にまで減っている。自動車事業と関係がないものについては売却され、子会社の統合、清算も進められた。その中には、販売子会社17社も含まれており、これにより子会社が持つ355店舗の販売店が閉鎖されるに至った。これら連結対象からはずれた子会社は、すべて日本国内の会社である。また子会社に限らず持分法適用会社も厳選された。その結果、1999年度には73社からの「持分法による投資損失」190億円が計上された。しかし2000年度になると数は54社に減り、「持分法による投資利益」92億円へとプラスに転換し、これもV字回復に貢献している。

　また、図表7―11および7―12は日産単体の業績の推移である。単体は連結とは異なり、売上は横ばいで拡大は見られず、2000年度以降特に当期純利益は大きく収縮と拡大を繰り返している。注目すべき点は、単体の業績では東日本大震災の影響が出ていることである。しかし、単体の業績を吸収してもなお、それが表面化されないほどの規模で連結業績が成長しており、日産の海外依存度が高いことがわかる。このことは第13章にも述べられている。日産の連結範囲は取捨選択され、アジア、大洋州、中近東、メキシコを含む中南米、アフリカといった、より安価な生産が可能となるような新興諸国に生産拠点を置き、積極的な投資を行ってゆく傾向にある。これにより、日本の影響は軽微となってゆくが、逆に海外業績の比重が高まることになり、為替換算調整勘定への影響もそのためである。

図表7—11　日産の趨勢比率

	1988年度	1989年度	1990年度	1991年度	1992年度
売上高	100.0	111.9	104.3	106.7	97.3
営業利益	100.0	150.8	86.3	24.4	△24.3
経常利益	100.0	119.1	89.5	47.7	△14.3
当期純利益	100.0	134.3	91.6	63.5	△17.7
	1998年度	1999年度	2000年度	2001年度	2002年度
売上高	82.9	74.9	74.5	75.4	85.4
営業利益	11.0	△11.4	92.2	174.8	228.0
経常利益	8.0	△19.5	73.7	107.5	159.1
当期純利益	△40.8	△925.4	219.6	214.9	85.4
	2008年度	2009年度	2010年度	2011年度	2012年度
売上高	76.3	72.4	85.8	93.3	88.1
営業利益	△165.9	△66.9	△26.7	△41.7	61.6
経常利益	33.7	159.7	△3.8	△33.9	60.6
当期純利益	△8.7	307.4	△28.2	△87.7	87.7

出所：日産自動車『有価証券報告書』各年3月期より作成。

図表7—12　日産の推移（単体損益計算書）

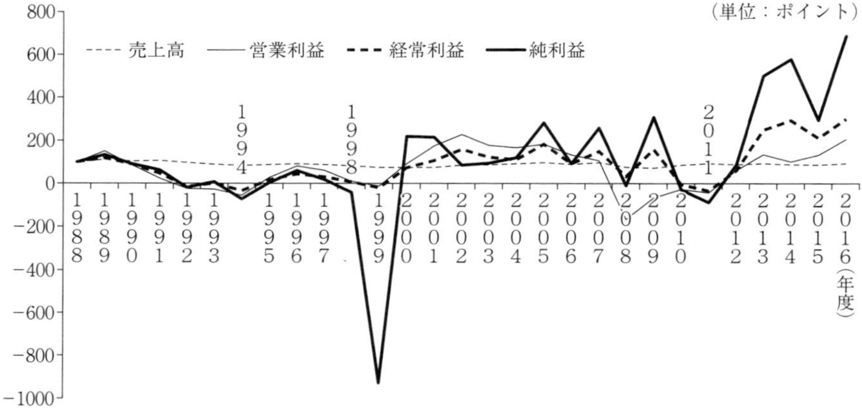

（単位：ポイント）

出所：日産自動車『有価証券報告書』各年3月期より作成。

　ただし、海外における業績も常に成長を続けているわけではなく、新興国で苦戦を強いられるなど、地域差がある。その場合、日産ではそのつど費用削減による「採算改善」を厳しく問う姿勢を示し、成長性を追求している。

(単体損益計算書)　　　　　　　　　　　　　　　　　　(単位：ポイント)

1993年度	1994年度	1995年度	1996年度	1997年度
89.5	85.1	87.9	92.2	88.6
△26.5	△54.0	28.9	81.5	61.8
2.3	△33.2	17.6	44.0	31.4
9.0	△71.5	4.3	60.2	19.4
2003年度	2004年度	2005年度	2006年度	2007年度
86.9	92.9	97.3	90.1	98.0
177.3	167.2	183.3	133.9	107.1
123.8	110.6	183.0	92.3	150.3
94.6	120.0	281.9	93.1	257.6
2013年度	2014年度	2015年度	2016年度	
93.4	87.8	87.3	93.2	
135.1	101.4	132.4	205.6	
248.2	293.2	211.0	299.6	
498.4	575.8	294.1	686.4	

　加えて、2016年度から三菱自動車が持分法適用会社となった。これは、三菱自動車の燃費不正問題に端を発し業績が悪化したため、日産と資本業務提携を結んだことによる。日産は株式を約34％保有し、三菱自動車の筆頭株主は三菱重工から日産自動車へ異動している。三菱自動車が傘下に加わったことにより、2017年ルノー日産連合による自動車販売台数が、トヨタやフォルクスワーゲンを抜いたとの報道がなされた。しかし一方で、提携により、三菱自動車にもコスト削減を厳しく求めるなど、費用削減が命題となっている。

　そして連結範囲に加えられる企業がある一方で、自動車部品を供給する子会社であったカルソニックカンセイの株式はファンドに売却され、2016年度より連結対象からはずれた。依然として取引は行われているが、この売却の意図は、日産の「系列解体」のためであり、部品供給の体系の変更に伴う、費用削減を期待した売却であったとされる。

4）日本経済新聞［2017年7月29日］。
5）日本経済新聞［2016年11月23日］。

(4) 資産の構成

　日産は、2000年度以降、大幅な利益を生み出してきた。利益は配当として外部に流出すれば、企業内に残らない。図表7－13は、当期純利益のうちどの程度が配当に分配されたのかという配当性向を示している。これによれば、大きく損失を出した2008年度、そして利益を出しながらも回復過程にある2009年度は無配としているが、それ以外においては2007年度が最も高く、およそ31％が配当である。つまり、少なくとも70％近く（多い年は94％）の利益が配当されず、内部留保として蓄積されてきた。

　これは、結果的に負債の返済を推し進めるとともに、海外投資を促進するなど、負債の減少および資産の増加に結びついていったが、日産の場合、金融資産を重視していることが資産の構成の内訳を見ると明らかになってくる。

　図表7－14では、金融資産と有形固定資産が総資産に占める割合を5年ごとに追っている。ここでは、金融資産を現金・預金、販売債権、有価証券等[6]としている。1989年度は金融資産が自動車生産等に必要な有形固定資産の2倍

図表7－13　配当性向　　　　　　　　　　　　（単位：％）

	2001年度	2002年度	2003年度	2004年度	2005年度	2006年度	2007年度	2008年度
配当性向	7.5	10.3	14.8	18.4	20.4	28.4	31.5	―
	2009年度	2010年度	2011年度	2012年度	2013年度	2014年度	2015年度	2016年度
配当性向	―	6.6	18.4	27.7	29.6	28.9	30.0	27.6

出所：NEEDS-FinancialQUESTより作成。

図表7－14　資産に占める金融資産の比率　　　（単位：％）

	1989年度	1994年度	1999年度	2004年度	2009年度	2014年度
有形固定資産	26.5	42.2	43.8	40.8	40.1	32.4
金融資産	54.2	34.9	33.8	40.3	40.2	51.3

出所：日産自動車『有価証券報告書』各年3月期より作成。

6）貸倒引当金を控除したものとなっている。

以上、全体の半分以上を占めていたが、バブル経済崩壊後、1990年代は有形固定資産の比率が徐々に増加していることから、負債による資金調達によって有形固定資産への投資が行われていたことがわかる。そして、業績が好転し始めた2000年代より金融資産が拡大してゆき、2014年度は総資産の過半数を占めるまでとなった。その傾向はその後も継続しており、2016年度は53.8％に達し、中でも、販売債権は増大傾向にある。販売債権とは、自動車購入を促進するためのローンなどの割賦債権であるが、これにより、売上が促進され、また利息収入をもたらす。トヨタやホンダなど、自動車産業全体がそのような傾向にあるが、金融資産はより効率的に収益に結びつくとされており、利益の増加に貢献しているといえる。

4 だれのための成長か

　日産は量的、規模的な拡大を果たしてきたように見える。これが達成できたのは、NRP以降絶えず存在する経営計画にもとづく、流通コストのカット、投資の抑制、不必要と判断された事業・資産の売却・清算といった徹底的な費用削減にあるが、その対象は主として日本国内であった。そして、これは日産のみならず、他の企業でも行われていることではあるが、日産はよりドラスティックにこの費用削減を行った事例といえよう。日産を取り巻く利害関係者はさまざまだが、このような成長についての評価は立場によって異なるだろう。
　経済的便益を求める株主にとり、企業の成長は近年、株価の上昇や将来のキャッシュ・フローの増大から追求されてゆくことが良いとされ、そして利益の成長も一指標として重要となる。しかし、日産の利益は拡大してきたが、その利益は積極的に内部へ留保され、必ずしも配当性向の引きあげに結びついているとはいえなかった。もちろん、利益剰余金は配当・自社株買いの原資ともなるため、日産の配当政策や自社株買い次第では、株価の上昇をはじめ、株主へ大きな経済的便益を与える可能性をもつ。そのため、株主の視点では、内部留保が株主還元に結びつく限り、必ずしも否定すべきものではないといえる。

図表7―15　ルノーにおける日産の利益の占める割合　（単位：100万ユーロ）

	1998年度	1999年度	2000年度	2001年度	2002年度	2003年度	2004年度	2005年度	2006年度
日産からの持分法による投資利益	—	△330	56	497	1,335	1,705	2,199	2,284	1,888
税引前利益	1,349	534	1,080	1,051	1,956	2,480	3,551	3,462	2,960
占有率（％）	—	△61.8	5.2	47.3	68.3	68.8	61.9	66.0	63.8
2007年度	2008年度	2009年度	2010年度	2011年度	2012年度	2013年度	2014年度	2015年度	2016年度
1,288	345	△902	1,084	1,332	1,234	1,498	1,362	1,371	1,638
2,989	599	△3,068	3,490	2,139	1,735	695	1,998	2,960	3,543
43.1	57.6	29.4	31.1	62.3	71.1	215.5	68.2	46.3	46.2

出所：ルノー"Annual Accounts"より作成 7)。

　一方、日産の成長は、従業員や子会社の削減のもと成し遂げられており、両者の立場は弱く、犠牲を最も強いられてきた。

　短期間で多くの従業員が削られたのみならず、残された従業員の給与体系が見直され、同時に臨時従業員が必要に応じて活用されるようになる。このような人件費の大規模な削減によって、短期間での利益の回復を目指した。中でも日本では、一貫して人員を削り海外依存を高めた結果、日産の日本国内従業員数は2000年度から2016年度までに約4万人減となる。

　しかし、このような過剰な人員削減が、2017年に無資格者による完成検査という不正問題となって表面化してきた。内部調査によれば、すでに2000年度の人員削減時よりこのような不正は行われており、「コスト削減圧力」による人手不足を理由にあげている。

　そして、成長の恩恵を享受しているのが、ルノーであろう。図表7―15は日産からもたらされた「持分法による投資利益」がルノーの税引前利益に占める割合を示している。日産はルノーの関連会社として、利益が出始めた2000年度からルノーの業績に貢献しはじめ、2013年度はルノーの損失を補塡するなど、もはやルノーにとって日産の連結業績は無くてはならないものとなっている。そして、ゴーン氏はルノーでも最高経営責任者であり、これまで、その

---

7) 国際会計基準の採用、過年度修正により、幾度か数値が変わっているが、新しく修正された数値を用いている。
8) 日本経済新聞［2017年11月15日］。

業績に応じて高額役員報酬を受け取っていた[9]。

　日産は不断の費用削減により、利益を成長させてきた。しかし、その過剰な追求によって不正に手を染め、現在、成長性の鈍化が懸念されている。企業は利益を追求する組織ではあるが、その利益がどのように生み出され、どのように使われているのかを見いだすことが、企業の姿勢を問うことと同じであり、そのような姿勢が成長性にもあらわれてくるといえる。

　　（参考文献）
　小栗崇資［2016］『コンパクト財務会計』中央経済社。
　山口孝・山口不二夫・山口由二［2001］『企業分析（増補版）』白桃書房。

9）日産とルノーは報酬について業績連動型をとっていたが、2016年に開かれたルノーの株主総会で、大株主であるフランス政府は、ゴーン氏の報酬の高さを批判し、制限を加えることになった。

第8章　収益性の分析

1　収益性分析とは

　収益性分析とは、企業の利益獲得能力を示す収益力を評価する分析方法である。企業は元来、異なる経営方針をもっていようとも、その経営方針を実現するためには一定の利益を確保する必要がある。また、企業が長期安定的な成長・発展を遂げるには、利益の獲得が不可欠となる。そのため、利益の獲得をめざす企業において、収益性分析は最も重要な分析方法となる。

　収益性分析の方法としては、実数分析と比率分析がある。収益性分析における実数分析は、利益増減分析、損益分岐点分析のように損益計算書をベースにし、実際の売上高、費用、利益などの実数を分析する方法である。他方、収益性分析における比率分析は、貸借対照表と損益計算書を関連づけ、さまざまな比率を計算して分析する方法である。比率分析の中でも、調達した資本を効率的に利用して利益を生み出すことができたかという資本利益率が、企業の収益性を検討する上で基本的な指標となる。

　そこで本章では、まず収益性分析の基本となる資本利益率を取り上げ、その計算方法と日産における資本利益率について検討する。次に、収益や費用の実数の増減を比較することにより、企業の収益力を判断する利益増減分析について検討する。さらに、次章では企業の収益性を異なる角度から分析する損益分岐点分析についてみていく。

2 資本利益率

(1) 資本利益率とその分解

　収益性分析の最も基本的な指標として、資本利益率を挙げることができる。資本利益率とは、投下された資本に対して、どれだけの利益が生み出されたかという資本の利用効率を示す指標であり、以下の算式によって計算される。

$$資本利益率（\%） = \frac{利益}{資本} \times 100$$

　この資本利益率は、売上収益性をあらわす売上高利益率と、資本運用効率をあらわす資本回転率に分解することができる。資本利益率を分解することにより、資本利益率がどのような要因によって高くなったのか、あるいは低くなったのかを掘り下げて分析することが可能となる。また、この資本利益率の分解は、資本利益率を高める方法として、売上高利益率を高める方法と資本回転率を高める方法の2つがあることを示唆している。売上高利益率を高めるには、製造原価の引き下げや販売費及び一般管理費、営業外費用の削減といった費用削減によって利益を高める必要がある。他方、資本回転率を高めるには、売上高を増大させる一方、遊休資産の処分や過剰在庫の削減によって資産、ひいては資本を圧縮する必要がある。

$$資本利益率（\%） = \frac{利益}{資本} \times 100 = \underbrace{\frac{利益}{売上高} \times 100}_{売上高利益率（\%）} \times \underbrace{\frac{売上高}{資本}}_{資本回転率（回）}$$

①売上高利益率

売上高利益率は、売上高に対して、どの程度の利益が獲得されたかを示す指標であり、企業の売上収益性をあらわす。損益計算書では、種々の利益が計上されるため、売上高利益率も以下のような種類がある。

$$売上総利益率（\%） = \frac{売上総利益}{売上高} \times 100$$

$$売上高営業利益率（\%） = \frac{営業利益}{売上高} \times 100$$

$$売上高経常利益率（\%） = \frac{経常利益}{売上高} \times 100$$

$$売上高当期純利益率（\%） = \frac{当期純利益}{売上高} \times 100$$

売上総利益率は、分子に粗利益である売上総利益を用いるため、商品や製品そのものの収益力を示す。売上高営業利益率は、分子に本業での利益をあらわす営業利益を用いるため、本業による収益力を示す。売上高経常利益率は、分子に経常的な経営活動による利益をあらわす経常利益を用いるため、総合的な経営活動による収益力を示す。最後に、売上高当期純利益率は、分子に株主に帰属する利益をあらわす当期純利益を用いるため、株主の立場からみた収益力を示す。

②資本回転率

資本回転率は、投下された資本と同額の売上高が獲得されたときに投下資本が1回転したとみなし、その回転が多いほど資本の運用効率が高いと評価する指標である。資本に総資本を用いた回転率は総資本回転率とよばれ、以下の算式によって算定される。

$$総資本回転率（回）= \frac{売上高}{総資本}$$

　総資本回転率は、小さな総資本で多くの売上高を獲得することができれば数値が高くなり、資本の運用効率が高いと判断する。総資本回転率のほかにも、分母に棚卸資産（商品・製品＋原材料・貯蔵品）、売上債権（受取手形＋売掛金）などを用いることにより、棚卸資産回転率、売上債権回転率などを求めることができる。

　また、資本回転率は分母と分子を逆にして計算することにより、資本回転期間を算定することができる。資本回転期間は、資本が回転するのにどの程度の期間がかかるかを示す指標であり[1]、この数値が低いほど資本の運用効率が高いことを示す。総資本回転期間は、以下の算式によって算定される。

$$総資本回転期間（年）= \frac{総資本}{売上高}$$

　総資本回転期間のほかにも、分子に棚卸資産、売上債権を用いることにより、棚卸資産回転期間、売上債権回転期間を算定することができる。

3　総資本経常利益率と自己資本当期純利益率

　資本利益率の代表的な指標として、総資本経常利益率と自己資本当期純利益率がある。以下では、それぞれの指標についてみていく。

1）資本回転期間を月数で示したいときには資本回転率の逆数に12カ月を、日数で示したいときには資本回転率の逆数に365日を乗じることにより算定できる。

（1）総資本経常利益率

　総資本経常利益率とは、経営活動に投下された総資本に対して、どれだけの経常利益が生み出されたかを示す指標であり、以下の算式によって算定される。

$$総資本経常利益率（\%）＝ \frac{経常利益}{総資本} \times 100$$

　上記の算式をみてもわかるように、総資本経常利益率は、分母に調達したすべての資本をあらわす総資本（負債＋純資産）を、分子に営業活動や財務活動を含めた総合的な利益を表す経常利益を用いる。そのため、総資本経常利益率は債権者や株主などすべての資本提供者に対する総合的な収益性、投資効率を示す。総資本は、総資産と同義であるため、総資本経常利益率は総資産経常利益率（Return on Assets：以下、ROAとする）ともよばれる。そこで、以下では総資本経常利益率をROAに置き換えて検討する。ROAについても、資本利益率が売上高利益率と資本回転率に分解できるように、売上高経常利益率と総資産回転率に分解することができる。

$$ROA（\%）＝ \underbrace{\frac{経常利益}{売上高} \times 100}_{売上高経常利益率（\%）} \times \underbrace{\frac{売上高}{総資産}}_{総資産回転率（回）}$$

　ここからは日産の財務諸表を用いて、日産のROAについて分析を行う。2017年3月期の日産の連結におけるROAは、4.7％であった。また、日産の連結におけるROAは、売上高経常利益率7.4％、総資産回転率0.6回に分解できる。日産の連結において、売上高経常利益率は低い水準ではないものの、総資産回転率が低いため、日産は総資産を有効に活用して売上高を獲得するには至っておらず、総資産回転率の低さがROAの水準を引き下げていることがわかる。

図表8―1　日産の連結における ROA とその分解

	1990	1991	1992	1993	1994	1995	1996	1997	1998	1999	2000	2001
ROA（％）	5.8	1.1	1.2	-1.5	-2.8	-3.1	-0.8	1.9	0.1	0.4	-0.02	4.4
売上高経常利益率（％）	5.9	1.3	1.3	-1.7	-3.5	-3.8	-0.9	2.1	0.1	0.4	-0.03	4.6
総資産回転率（回）	1.0	0.9	0.9	0.9	0.8	0.8	0.9	0.9	0.8	1.0	0.9	0.9

2002	2003	2004	2005	2006	2007	2008	2009	2010	2011	2012	2013	2014	2015	2016	2017
5.7	9.7	10.3	8.7	7.4	6.1	6.4	-1.7	2.0	5.0	4.8	4.1	3.6	4.1	5.0	4.7
6.7	10.4	10.9	10.0	9.0	7.3	7.1	-2.0	2.8	6.1	5.7	5.5	5.0	6.1	7.1	7.4
0.9	0.9	1.0	0.9	0.8	0.8	0.9	0.8	0.7	0.8	0.9	0.8	0.7	0.7	0.7	0.6

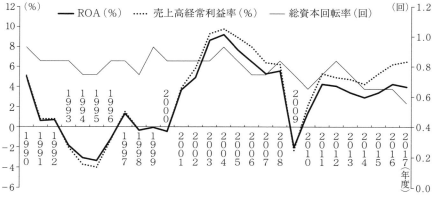

出所：日産自動車『有価証券報告書』各年3月期より作成。

　また、図表8―1では1990年3月期から2017年3月期までの日産の連結におけるROAとその分解の推移を示している。日産の連結におけるROAは、バブル経済の崩壊により1991年3月期から低迷し、1993年3月期から1996年3月期にかけては経常損失を計上したためマイナスとなっている。一方、カルロス・ゴーンが1999年10月に発表した「日産リバイバルプラン」により、2001年3月期のROAは4.4％まで回復した。その後、利益ある成長へ軸足を移す中期経営計画「日産180」により、2004年3月期のROAは10％を超えるまでとなった。2009年3月期にはリーマン・ショックの影響に伴い、ROAはマイナスとなったが、「リカバリープラン」の実行によって再びプラスへと回復した。その後の2011年3月期から2017年3月期にかけてのROAは、3％

図表8—2　2017年3月期の単体におけるROAとその分解

	日産	トヨタ	ホンダ
ROA（％）	10.7	10.9	12.4
売上高経常利益率（％）	14.8	15.7	10.1
総資産回転率（回）	0.7	0.7	1.2

出所：各社の『有価証券報告書』より作成。

〜5％の水準で推移している。

　他方、単体のROAについては、比較可能性が高い同じ日本基準を採用している日産、トヨタ、ホンダのそれぞれの指標を算定することができるため、3社を比較しながらみていきたい。図表8—2に示されるように、2017年3月期における単体のROAが3社の中で最も高いのはホンダの12.4％であり、日産とトヨタはそれぞれ10.7％、10.9％と同水準であることがわかる。また、ROAを分解した売上高経常利益率、総資産回転率についても、日産とトヨタはほぼ同じ水準である。一方、ホンダの売上高経常利益率は10.1％と日産、トヨタに比べて低いものの、総資産回転率が1.2回と高い水準にあり、ホンダは総資産回転率の高さによってROAの水準を押し上げていることがわかる。

（2）自己資本当期純利益率

　自己資本当期純利益率（Return on Equity：以下、ROEとする）は、自己資本に対して、当期純利益がどれだけ獲得されたかを示す指標であり、以下の算式によって算定される。

$$\text{ROE}（\%）= \frac{\text{当期純利益}}{\text{自己資本}} \times 100$$

　上記の算式をみてもわかるように、ROEは、分母に株主の出資や内部留保などから構成される自己資本を、分子に株式配当の原資となる当期純利益を用

いる。そのため、ROE は株主の立場からみた収益性の指標をあらわす。また、ROE は売上収益性をあらわす売上高当期純利益率、資本運用効率をあらわす総資本回転率、負債の活用度を示す財務レバレッジに分解することができる。財務レバレッジとは、自己資本を1としたときに何倍の大きさの総資本を事業に投下しているかを示す指標である。この比率が大きくなるということは、自己資本に対して負債を活用していることを意味する。

$$\text{ROE}(\%) = \frac{\text{当期純利益}}{\text{売上高}} \times 100 \times \frac{\text{売上高}}{\text{総資本}} \times \frac{\text{総資本}}{\text{自己資本}}$$

売上高当期純利益率　　総資本回転率　　財務レバレッジ

ROE の向上策としては、自己資本を小さくして財務レバレッジを高める方法と当期純利益を大きくして売上高当期純利益率を高める方法が考えられる。自己資本を小さくするには、利子の低い借り入れを増やし、負債を大きくすることによって自己資本を小さくする方法や、株主への配当を拡充したり、自社株買いを実施したりする方法などが挙げられる。しかし、この方法は財務レバレッジを高めて ROE を向上させる反面、自己資本の縮小による負債比率の上昇に伴い、財務安定性を損なうおそれがある。また、過度の株主還元は将来への投資に資金を回すことができなくなり、企業のさらなる成長が見込めないおそれもある。そのため、ROE の向上にはもう1つの方法である当期純利益を大きくすること、すなわち企業の収益力を強化することが求められる。

ここからは日産の財務諸表を用いて、日産の ROE について分析する。なお、ROE の計算に用いる自己資本については、連結の場合は、親会社の自己資本という視点から、「株主資本合計」に「その他の包括利益累計額合計」を加えて計算し、単体の場合は、株主の自己資本という視点から、「株主資本合計」に「評価・換算差額等合計」を加えて計算する。2017年3月期の日産の連結における ROE は、13.6％であった。これを分解すると、売上高当期純利益率は5.7％、総資本回転率は0.6回、財務レバレッジは3.8倍となる。日産の連結において、売上高当期純利益率および総資本回転率はそれほど高い水準では

図表 8―3 日産の連結における ROE とその分解

	1990	1991	1992	1993	1994	1995	1996	1997	1998	1999	2000	2001
ROE(%)	6.5	2.7	5.6	-3.3	-5.5	-11.6	-6.5	5.7	-1.1	-2.2	-73.6	34.6
売上高当期純利益率(%)	2.1	0.9	1.6	-0.9	-1.5	-2.8	-1.5	1.2	-0.2	-0.4	-11.4	5.4
財務レバレッジ(倍)	3.2	3.6	3.9	4.2	4.6	5.0	5.2	5.5	6.1	5.5	7.0	6.7

2002	2003	2004	2005	2006	2007	2008	2009	2010	2011	2012	2013	2014	2015	2016	2017
23.0	27.4	24.9	20.8	16.8	13.0	13.8	-8.9	1.6	10.9	10.9	9.2	9.0	9.5	11.1	13.6
6.0	7.3	6.8	5.9	5.5	4.4	4.5	-2.8	0.6	3.6	3.6	3.6	3.7	4.0	4.3	5.7
4.6	4.1	3.9	3.9	3.7	3.5	3.1	3.9	3.8	3.7	3.5	3.4	3.3	3.5	3.7	3.8

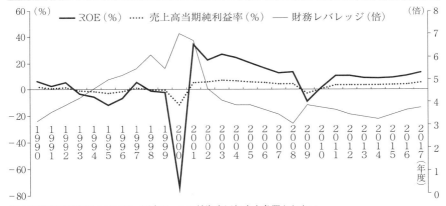

注:総資本回転率については、図表 8―1 の総資産回転率を参照されたい。
出所:日産自動車『有価証券報告書』各年 3 月期より作成。

ないものの、財務レバレッジを利かせることにより、ROE を高めていることがわかる。

また、図表 8―3 では 1990 年 3 月期から 2017 年 3 月期までの日産の連結における ROE とその分解の推移を示している。日産の連結における ROE は、バブル経済の崩壊により、1993 年 3 月期からマイナスとなり、1997 年 3 月期に一時的に回復したものの、1998 年 3 月期から再びマイナスとなっている。「日産リバイバルプラン」を実行した 2000 年 3 月期は、多額の特別損失の計上により、ROE は△73.6%まで落ち込むが、翌年の 2001 年 3 月期には 34.6%まで上昇し、V 字回復を果たしている。また、2003 年 3 月期から 2005 年 3 月

第 8 章 収益性の分析 145

図表8―4　2017年3月期の単体におけるROEとその分解

	日産	トヨタ	ホンダ
ROE（％）	22.5	13.5	12.0
売上高当期純利益率（％）	15.7	13.3	6.7
総資本回転率（回）	0.7	0.7	1.2
財務レバレッジ（倍）	2.0	1.5	1.5

出所：各社の『有価証券報告書』より作成。

期まで「日産180」によって20％台のROEを維持していたが、2006年3月期以降は20％を下回る水準となり、2009年3月期にはリーマン・ショックの影響により、マイナスに転落した。その後、「リカバリープラン」の実行によってROEは回復し、2011年3月期から2017年3月期にかけてのROEは、9％〜13％の水準で推移している。

さらに、図表8―4では、2017年3月期の単体における日産、トヨタ、ホンダのROEとその分解について示している。単体におけるROEは、単体ROAでは最も低かった日産が22.5％と一番高く、連結と同様、財務レバレッジを利かせてROEを高めていることがわかる。トヨタは、日産と比較して売上高当期純利益率、総資本回転率はほぼ同水準であるものの、財務レバレッジが低いため日産のROEに水をあけられている。ホンダは、日産とトヨタと比較して売上高当期純利益率が低いものの、総資本回転率を高めることにより、ROAと同様にROEの水準を引き上げている。

4　利益増減分析

（1）利益増減分析とは

前節では、収益性分析の基本的かつ有用な指標であるROA、資本利益率に

ついてみてきた。この比率分析に入る前後に収益や費用の増減を分析し、企業の利益獲得能力についても把握する必要がある。具体的には、今期の損益計算書と前期あるいは過去数期間の損益計算書を比較することにより、企業の利益獲得能力を把握することができる。今期と過去の損益計算書を比較する方法としては、①各項目の金額がどれだけ増減しているか、あるいは何％増減しているかを示す期間比較損益計算書を作成する方法、②各項目の金額が売上高の何％に相当するか百分率損益計算書に直して比較する方法、③利益増減分析表を作成する方法などがある。ここでは、③利益増減分析表を作成する利益増減分析を用いて、企業の利益獲得能力を分析する。

利益増減分析は、今期と前期の損益計算書の利益を比較し、その変化をもたらした要因である収益項目あるいは費用項目を明らかにする方法である。損益計算書は、企業活動別あるいは発生源泉別に収益と費用を分類し、段階的に利益を計算するため、連結損益計算書に基づく利益増減分析においても売上総利益増減分析、営業利益増減分析、経常利益増減分析、親会社株主に帰属する当期純利益増減分析の4つの分析のしかたがある。親会社株主に帰属する当期純利益増減分析は、すべての収益項目および費用項目の増減を考慮するため、本章ではこの分析方法を取り上げる。

親会社株主に帰属する当期純利益を増加させる要因として、①売上高の増加、②売上原価の減少、③販売費及び一般管理費の減少、④営業外収益の増加、⑤営業外費用の減少、⑥特別利益の増加、⑦特別損失の減少、⑧法人税等合計の減少、⑨非支配株主に帰属する当期純利益の減少が挙げられる。他方、親会社株主に帰属する当期純利益を減少させる要因として、①売上高の減少、②売上原価の増加、③販売費及び一般管理費の増加、④営業外収益の減少、⑤営業外費用の増加、⑥特別利益の減少、⑦特別損失の増加、⑧法人税等合計の増加、⑨非支配株主に帰属する当期純利益の増加を挙げることができる。

(2) 日産における利益増減分析

利益増減分析を行う手順としては、まず期間比較損益計算書を作成し、それに基づき利益増減分析表を作成する。以下では、日産の連結損益計算書を用い

て利益増減分析を行う。

　図表8―5では、日産の期間比較連結損益計算書を示している。2016年3月期と2017年3月期を比較すると、売上高の減少（4,694億7,800万円）が、売上総利益の減少（950億3,100万円）、営業利益の減少（510億5,000万円）に影響を与えていることがわかる。しかし、営業外収益の増加（234億2,900万円）と営業外費用の減少（300億8,200万円）により、経常利益は24億6,100万円増加した。さらに、特別利益の増加（946億6,900万円）と特別損失の減少（1,350億9,300万円）に伴い、税金等調整前当期純利益は2,322億2,300万円増加した。法人税等合計（844億9,800万円）、非支配株主に帰属する当期純利益（80億6,700万円）は増加したものの、最終的に親会社株主に帰属する当期純利益は1,396億5,800万円増加することとなった。この親会社株主に帰属する当期純利益の増加要因、減少要因を分析するため、利益増減分析表が作成される。

　図表8―6は、図表8―5に基づいて作成した日産の連結における利益増減分析表を示している。親会社株主に帰属する当期純利益の増加に最も貢献しているのは、売上原価の減少（3,744億4,700万円）である。それ以外で利益増加に貢献している収益項目は関係会社株式売却益の増加（1,115億200万円）、持分法による投資利益の増加（256億5,400万円）であり、費用項目では品質関連費用の減少（907億円）、サービス保証料の減少（514億500万円）が挙げられる。一方、親会社株主に帰属する当期純利益の減少に最も大きな影響を与えているのが、売上高の減少（4,694億7,800万円）である。また、これ以外にも収益項目の減少として投資有価証券売却益の減少（233億3,800万円）、費用項目の増加として、法人税、住民税及び事業税の増加（1,258億9,800万円）、貸倒引当金繰入額の増加（249億6,400万円）が挙げられる。

　この利益増減分析表により、利益の増加要因と減少要因を大局的に把握することは可能となるが、これらの要因がどのような事由から生じたのかについて、さらに非財務情報も用いて分析を進める必要がある。たとえば、親会社株主に帰属する当期純利益の減少に最も大きな影響を与えた売上高の減少は、自動車事業における売上高の減少によるものであり[2]、北米、アジア、その他の地域での減収が関係していた。北米では為替変動と販売奨励金の増加、アジアでは為

図表 8―5　日産の期間比較連結損益計算書

（単位：百万円）

項　目	2016年3月期	2017年3月期	増　減
売上高	12,189,519	11,720,041	△469,478
売上原価	9,796,998	9,422,551	374,447
売上総利益	2,392,521	2,297,490	△95,031
販売費及び一般管理費	1,599,243	1,555,262	43,981
広告宣伝費	342,213	313,406	28,807
サービス保証料	130,530	79,125	51,405
製品保証引当金繰入額	137,941	131,059	6,882
販売諸費	234,456	251,378	△16,922
給料及び手当	393,739	402,202	△8,463
退職給付費用	16,137	20,809	△4,672
消耗品費	3,901	4,083	△182
減価償却費	45,056	50,773	△5,717
貸倒引当金繰入額	63,586	88,550	△24,964
のれん償却額	5,111	1,818	3,293
その他	226,573	212,059	14,514
営業利益	793,278	742,228	△51,050
営業外収益	204,366	227,795	23,429
受取利息	26,467	15,868	△10,599
受取配当金	5,966	9,416	3,450
持分法による投資利益	122,524	148,178	25,654
デリバティブ収益	37,683	33,419	△4,264
雑収入	11,726	20,914	9,188
営業外費用	135,372	105,290	30,082
支払利息	24,806	14,128	10,678
為替差損	96,452	65,289	31,163
債権流動化費用	9,702	10,906	△1,204
雑支出	4,412	14,967	△10,555
経常利益	862,272	864,733	2,461
特別利益	42,398	137,067	94,669
固定資産売却益	9,011	7,114	△1,897
投資有価証券売却益	23,338	―	△23,338
関係会社株式売却益	―	111,502	111,502
受取保険金	5,287	7,204	1,917
事業譲渡益	―	9,788	9,788
その他	4,762	1,459	△3,303
特別損失	171,736	36,643	135,093
固定資産売却損	4,937	9,256	△4,319
固定資産廃棄損	13,274	11,253	2,021
投資有価証券売却損	―	3,865	△3,865
減損損失	42,087	5,532	36,555
品質関連費用	90,700	―	90,700
その他	20,738	6,737	14,001
税金等調整前当期純利益	732,934	965,157	232,223
法人税、住民税及び事業税	149,920	275,818	△125,898
法人税等調整額	30,221	△11,179	41,400
法人税等合計	180,141	264,639	△84,498
当期純利益	552,793	700,518	147,725
非支配株主に帰属する当期純利益	28,952	37,019	△8,067
親会社株主に帰属する当期純利益	523,841	663,499	139,658

出所：日産自動車［2017］『有価証券報告書』3月期より作成。

図表8—6 日産の連結における利益増減分析表

(単位:百万円)

項　目	金　額			
Ⅰ　利益増加の要因				
(a)　収益の増加				
1．受取配当金の増加				
2016年3月期	5,966			
2017年3月期	9,416	3,450		
2．持分法による投資利益の増加				
2016年3月期	122,524			
2017年3月期	148,178	25,654		
3．雑収入				
2016年3月期	11,726			
2017年3月期	20,914	9,188		
4．関係会社株式売却益の増加				
2016年3月期	—			
2017年3月期	111,502	111,502		
5．受取保険金の増加				
2016年3月期	5,287			
2017年3月期	7,204	1,917		
6．譲渡事業益の増加				
2016年3月期	—			
2017年3月期	9,788	9,788	161,499	
(b)　費用の減少				
1．売上原価の減少				
2016年3月期	9,796,998			
2017年3月期	9,422,551	374,447		
2．広告宣伝費の減少				
2016年3月期	342,213			
2017年3月期	313,406	28,807		
3．サービス保証料の減少				
2016年3月期	130,530			
2017年3月期	79,125	51,405		
4．製品保証引当金繰入額の減少				
2016年3月期	137,941			
2017年3月期	131,059	6,882		
5．のれん償却額の減少				
2016年3月期	5,111			
2017年3月期	1,818	3,293		
6．その他(販管費)の減少				
2016年3月期	226,573			
2017年3月期	212,059	14,514		
7．支払利息の減少				
2016年3月期	24,806			
2017年3月期	14,128	10,678		
8．為替差損の減少				
2016年3月期	96,452			
2017年3月期	65,289	31,163		
9．固定資産廃棄損の減少				
2016年3月期	13,274			
2017年3月期	11,253	2,021		
10．減損損失の減少				
2016年3月期	42,087			
2017年3月期	5,532	36,555		
11．品質関連費用の減少				
2016年3月期	90,700			
2017年3月期	—	90,700		
12．その他(特別損失)の減少				
2016年3月期	20,738			
2017年3月期	6,737	14,001		
13．法人税等調整額の減少				
2016年3月期	30,221			
2017年3月期	△11,179	41,400	705,866	
利益増加の要因の合計				867,365

Ⅱ 利益減少の要因				
（a）収益の減少				
１．売上高の減少				
2016 年 3 月期	12,189,519			
2017 年 3 月期	11,720,041	469,478		
２．受取利息の減少				
2016 年 3 月期	26,467			
2017 年 3 月期	15,868	10,599		
３．デリバティブ収益の減少				
2016 年 3 月期	37,683			
2017 年 3 月期	33,419	4,264		
４．固定資産売却益の減少				
2016 年 3 月期	9,011			
2017 年 3 月期	7,114	1,897		
５．投資有価証券売却益の減少				
2016 年 3 月期	23,338			
2017 年 3 月期	―	23,338		
６．その他（特別利益）の減少				
2016 年 3 月期	4,762			
2017 年 3 月期	1,459	3,303	512,879	
（b）費用の増加				
１．販売諸費の増加				
2016 年 3 月期	234,456			
2017 年 3 月期	251,378	16,922		
２．給料及び手当の増加				
2016 年 3 月期	393,739			
2017 年 3 月期	402,202	8,463		
３．退職給付費用の増加				
2016 年 3 月期	16,137			
2017 年 3 月期	20,809	4,672		
４．消耗品費の増加				
2016 年 3 月期	3,901			
2017 年 3 月期	4,083	182		
５．減価償却費の増加				
2016 年 3 月期	45,056			
2017 年 3 月期	50,773	5,717		
６．貸倒引当金繰入額の増加				
2016 年 3 月期	63,586			
2017 年 3 月期	88,550	24,964		
７．債権流動化費用の増加				
2016 年 3 月期	9,702			
2017 年 3 月期	10,906	1,204		
８．雑支出の増加				
2016 年 3 月期	4,412			
2017 年 3 月期	14,967	10,555		
９．固定資産売却損の増加				
2016 年 3 月期	4,937			
2017 年 3 月期	9,256	4,319		
10．投資有価証券売却損の増加				
2016 年 3 月期	―			
2017 年 3 月期	3,865	3,865		
11．法人税、住民税及び事業税の増加				
2016 年 3 月期	149,920			
2017 年 3 月期	275,818	125,898		
12．非支配株主に帰属する当期純利益の増加				
2016 年 3 月期	28,592			
2017 年 3 月期	37,019	8,067	214,828	
利益減少の要因の合計				727,707
Ⅲ　親会社株主に帰属する当期純利益の増加				139,658

出所：日産自動車［2017］『有価証券報告書』3 月期、鳥邉・東原［2006］159 頁をもとに作成。

替変動と販売台数の減少、その他では販売奨励金の増加が減収の主な事由であった（日産自動車［2017］『有価証券報告書』3月期13-14頁）。他の収益項目、費用項目についても、どのような事由によって増加または減少したのか分析を進める必要がある。

（参考文献）
大橋英五［2005］『経営分析』大月書店。
小栗崇資［2016］『コンパクト財務会計―クイズでつける読む力』中央経済社。
島崎規子・沼中健［2009］『実例と演習で学ぶ―経営分析入門』中央経済社。
鳥邊晋司・東原英子［2006］『会計情報分析』中央経済社。
西村明・大下丈平編［2014］『新版　ベーシック管理会計』中央経済社。
門田安弘編［2016］『セミナー管理会計』税務経理協会。

2）日産の連結における事業別のセグメントは、自動車事業と販売金融事業に区分されており、販売金融事業は183億円の増収であった（日産自動車［2017］『有価証券報告書』3月期13頁）。

コラム4　EVA、EBIT、EBITDA

　会計基準設定団体などの立場からすると、業績指標としての財務諸表上の利益の「正当性」を揺るがすという意味でも異論があろうが、近年、財務諸表に表示される利益とは別に、財務諸表上の利益を修正ないし組み替えた業績指標が、さまざまな場面で用いられるようになってきている。たとえば、それは次のようなものである。

1　EVA（economic value added）
　EVAすなわち「経済的付加価値」は、次の式で算出される。

　EVA＝NOPAT（税引後営業利益）－資本コスト
　　NOPAT＝売上高－事業活動に係る費用－事業活動に係る税金
　　資本コスト＝WACC（加重平均資本コスト）×使用資本

$$\text{WACC}(\%) = \frac{負債}{(負債＋株主資本)} \times 利子率(1-法人税)$$

$$+ \frac{株主資本}{(負債＋株主資本)} \times 株主資本コスト$$

　株主資本コスト（＝株式の期待収益率）は、CAPM[*]などで算出される。
　　[*] 無リスク利子率＋株式のβ（リスク）×（市場期待収益率－無リスク利子率）

　EVAは、端的にいえば、株主が要求する最低限の利益すなわち資本コストを超過した部分の利益といえる。この資本コストからの超過部分が、株主に対する「価値創造」として付け加えられたとみるのである。資本コストは、株主の立場からすれば、他の企業などに投資していれば得られるであろう利益、すなわち投資の機会費用ということになる。企業の立場からすれば、資本調達のために要求されるコストということになるので、資本コスト

と呼ばれる。

EVA は、Stern Stewart 社の開発した指標で、米国コカ・コーラが最初に導入したという。EVA は、既存の財務諸表上の利益に対して、株主を重視した「価値創造」の指標として利用されたり、従業員などの報酬制度と連動させることもある。EVA は、残余利益とも呼ばれる。したがって、EVA は、本来の意味での付加価値とは全く違う概念である。

2　EBIT（earnings before interest and taxes）

EBIT は、支払利息・税金控除前の利益である。EBIT は、減価償却を考慮に入れるか否かの点で次の EBITDA とは異なることになる。

3　EBITDA（earnings before interest, taxes, depreciation, and amortization）

EBITDA は、支払利息・税金・減価償却控除前の利益である。これら項目を控除しないので金利水準、税制や減価償却方法の違いを除いて業績を比較できるという理由で使用される。

たとえば、EBITDA を用いて EV/EBITDA 倍率を計算して、買収後何年で、企業の生み出した EBITDA によって買収した投下資本を回収できるかを、証券アナリストなどが利用している。EV（enterprise value）は、株式時価総額に純有利子負債（現金預金や短期の有価証券控除後の金額）を加えた金額となる。この倍率が低いほど早期回収が可能であることを示す。

（参考文献）

伊藤邦雄［2014］『新・企業価値評価』日本経済新聞出版社。

スターン スチュワート社［2001］『EVA による価値創造経営—その理論と実際』ダイヤモンド社。

第9章 損益分岐点分析

1 損益分岐点分析とは

　本章では、損益分岐点分析を用いて、企業の収益性を別の角度から検討する。損益分岐点分析とは、売上高、費用、利益の三者の関係を利用して損益分岐点売上高を計算し、企業の損益状態、利益構造を分析する方法である。損益分岐点売上高は、利益も出なければ損失も出ない利益ゼロの売上高をいう。この損益分岐点売上高を上回る売上高を得られれば利益を獲得することができ、反対に損益分岐点売上高を下回る売上高となれば損失が発生するため、損益分岐点売上高を計算することにより、企業の収益性を把握することができる。

　また、損益分岐点売上高を算定し、それに基づいて損益分岐点比率および安全余裕率を計算することにより、企業の収益力や環境変化に対する抵抗力の分析にも役立てることが可能となる。

　損益分岐点分析を行う際には、費用である売上原価、販売費及び一般管理費、営業外費用を変動費と固定費に分解する必要がある。そこで、以下では損益分岐点分析に入る準備段階として、費用を変動費と固定費に分解する方法について説明する。

2　費用の分解

(1) 変動費と固定費

　費用は図表9—1に示されるように、売上高の増減に対してどのように発生するのかにより、変動費と固定費に分類される。
　変動費とは、売上高の増減に対して比例的に増減する費用のことであり、原材料費、出来高払い制の賃金、動力費、販売手数料などが代表的なものである。他方、固定費とは、売上高の増減に関係なく一定額発生する費用のことであり、固定給制での給与、建物・機械装置の減価償却費、土地・建物の賃借料などが代表的なものである。
　損益分岐点分析を行う際には、費用を変動費と固定費に分解する必要があるが、費用の中には準変動費や準固定費も存在するため、厳密に変動費と固定費に分解することは難しい面もある。以下では、費用の固変分解として、勘定科目法、日本銀行方式、総費用法について紹介する。

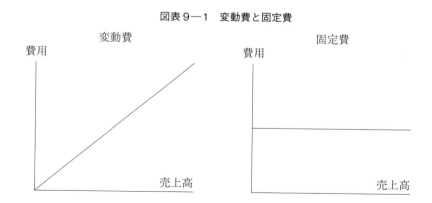

図表9—1　変動費と固定費

（2）費用の固変分解の方法

①勘定科目法

　勘定科目法とは、損益計算書上に記載されている売上原価、販売費及び一般管理費、営業外費用の勘定科目を、その性格から変動費と固定費に分解する方法である。勘定科目の中には、変動費と固定費に明確に分解できない費用もあるが、この方法では変動的要素と固定的要素の割合を勘案し、変動費か固定費のいずれかに区分する。

　たとえば、2017年3月期の日産の単体における販売費及び一般管理費を変動費と固定費に区分すると、サービス保証料、製品保証引当金繰入額、販売諸費、業務委託費、貸倒引当金繰入額は変動費と考えられ、給料及び手当、退職給付費用、減価償却費は固定費と考えられる。また、営業外費用については、支払利息、為替差損など多くの勘定科目が固定費と考えられる。

　売上原価については、小売・卸売業の場合、すべて変動費と考えることができるが、製造業の場合は、当期製品製造原価の費目別データに基づいて変動費と固定費に区分する。その際、材料費、労務費、経費の金額が記載された製造原価明細書が必要となるが、2014年3月期から連結財務諸表にセグメント情報を注記している場合、製造原価明細書の開示は免除されることとなった[2]。日産においても、2014年3月期から連結財務諸表においてセグメント情報を注記しており、製造原価明細書は現在、開示されていない。そのため、日産では勘定科目法を用いて、費用を変動費と固定費に分解できない状況にある。また、

1）準変動費とは、売上高がゼロのときにも一定の費用が発生し、同時に売上高の増加に応じて比例的に増加する費用のことをいい、水道光熱費などが挙げられる。また、準固定費とは、一定の売上高の範囲では固定的であるが、その範囲を超えると急増し、再び固定化する費用のことをいい、監督者給料などがこれに相当する。

2）製造原価明細書の開示については、コラム3「製造原価明細書は不要なのか」も合わせて参照されたい。

仮に製造原価明細書が開示されていたとしても、経費の内訳までは開示されないことが多いため、企業外部者が実際に勘定科目法を用いて分析することは限界がある。ただし、企業内部者は各勘定科目を把握することが可能であるため、費用の固変分解には、この勘定科目法が広く利用されている。

②日本銀行方式

日本銀行調査統計局刊行の『主要企業経営分析』では、以下の算式に基づいて費用を変動費と固定費に分解していた[3]（日本銀行調査統計局［1996］20-21頁）。

変動費＝売上原価－労務費－（経費－外注加工費－動力燃料費）＋荷造運搬費

固定費＝（販売費及び一般管理費－荷造運搬費）＋労務費＋（経費－外注加工費－動力燃料費）＋営業外費用－営業外収益

日本銀行方式による変動費と固定費の分解では、売上原価から労務費および経費を控除した部分、外注加工費、動力燃料費、荷造運搬費を変動費として考えている。また、日本銀行方式では、労務費、経費、販売費及び一般管理費、営業外費用を固定費と考え、営業外収益をマイナスの固定費として扱い、固定費から控除している（田中［2003］108頁）。

この日本銀行方式による費用の固変分解を利用するには、製造原価明細書に記載されている労務費、経費の金額が必要となる。しかし、前述の通り、日産では2014年3月期から製造原価明細書を開示していないため、2014年3月期以降、日本銀行方式による費用の固変分解はできない状況にある。そこで、2013年3月期の日産の単体における損益計算書、製造原価明細書を用いて、日本銀行方式による費用の固変分解を試みる。

2013年3月期の日産の単体における売上原価は3兆1,885億円、労務費は1,896億円、経費は4,374億円であり、外注加工費、動力燃料費、荷造運搬費

3）日本銀行調査統計局刊行の『主要企業経営分析』は、平成7（1995）年度版で廃刊となっている。

の金額は不明であった。金額が不明の項目は考慮せずに計算すると、変動費は2兆5,615億円（3兆1,885億円－1,896億円－4,374億円）と計算することができる。また、販売費及び一般管理費は2,523億円、営業外収益は575億円、営業外費用は313億円であったため、固定費は8,531億円（2,523億円＋1,896億円＋4,374億円＋313億円－575億円）と計算することができる。この変動費、固定費の金額から、2013年3月期の日産の単体における費用に占める変動費の割合は75.0％、固定費の割合は25.0％であったことがわかる。

③総費用法

　総費用法は、2期間における売上高と総費用（売上原価＋販売費及び一般管理費＋営業外費用－営業外収益）を比較し、変動費と固定費に分解する方法である。ここでは、日産の単体における2016年3月期と2017年3月期の売上高ならびに総費用を用いて、総費用法による固変分解を試みる。

　図表9－2に示されるように、2016年3月期から2017年3月期にかけて日産の単体における売上高は2,359億円増加したのに対し、総費用は727億円増加した。固定費は売上高の増減にかかわらず一定であるため、売上高の増加に伴う総費用の増加は、すべて変動費の増加によるものと考える。変動費については、売上高に対して比例的に増減するため、売上高に占める変動費の割合は一定となる。この売上高に占める変動費の割合を変動費率（変動費÷売上高）といい、日産の単体における変動費比率はおよそ0.31（727億円÷2,359億円）と計算される。変動費率が計算されれば、これに売上高を掛けることによって変動費の金額を計算することができる[4]。2017年3月期の日産の単体における

図表9－2　日産の単体における売上高と総費用

	売上高	総費用
2016年3月期	3兆4,934億円	3兆1,046億円
2017年3月期	3兆7,293億円	3兆1,773億円
増加分	2,359億円	727億円

注：総費用は、売上原価＋販売費及び一般管理費＋営業外費用－営業外収益により算定している。
出所：日産自動車［2017］『有価証券報告書』3月期より作成。

売上高を用いて変動費を計算すると、変動費はおよそ1兆1,560億円（3兆7,293億円×0.31）と計算できる。さらに、変動費が計算されれば、総費用から変動費を控除することにより固定費が算定できるため、2017年3月期の日産の単体における固定費は2兆213億円（3兆1,773億円－1兆1,560億円）と計算することができる。

ただし、先の日本銀行方式による日産の単体における変動費は2兆5,615億円（75.0%）、固定費は8,531億円（25.0%）と計算されたのに対し、総費用法では変動費が1兆1,560億円（36.4%）、固定費が2兆213億円（63.6%）と変動費、固定費の金額、費用に占める割合が逆転している。自動車産業は、材料費の金額が大きく、変動費の割合が高くなると考えられるため、日本銀行方式の方が変動費、固定費の実態をあらわしていると考えられる。総費用法を用いる際には、固定費が一定であるという条件のほかにも、販売単価に変化がないこと、変動費率が変わらないことなどの条件が揃っていることが前提となる（田中［2003］110頁）。そのため、総費用法は比較的容易に費用の固変分解ができるものの、実態と乖離するおそれもある。

したがって、以下で行う損益分岐点分析では、日本銀行方式に基づいて分解した日産の単体における変動費と固定費の金額を用いて分析を進めることにする。

3　損益分岐点図表と損益分岐点売上高

（1）損益分岐点図表

費用を変動費と固定費に分解することができると、損益分岐点売上高を計算

4）たとえば、ある企業の売上高が100、変動費が40の場合の変動費率は0.4（40÷100）となる。売上高に占める変動費の割合は一定であるため、売上高が160となった場合の変動費は64（160×0.4）と計算することができる。

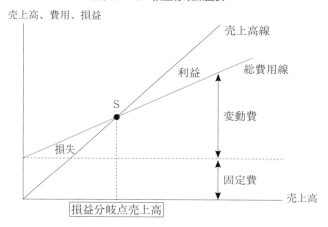

図表9―3 損益分岐点図表

することができる。ここでは、損益分岐点図表を用いて損益分岐点売上高ならびに損益の状態についてみていく。

損益分岐点図表は図表9―3に示されるように、縦軸に売上高、費用、損益を、横軸に売上高をとって売上高線および総費用線を描く。売上高線は、縦軸、横軸ともに売上高をとっているため、傾き45度の右肩上がりの直線で描くことができる。他方、総費用線は費用を変動費と固定費に分解し、固定費線に変動費線を乗せることによって描くことができる。売上高線と総費用線の交点Sは、売上高＝総費用、すなわち売上高－総費用＝利益がゼロであるため、利益と損失の分岐点をあらわし、その売上高が損益分岐点売上高となる。この損益分岐点売上高を上回る売上高が得られれば利益が発生し、反対に損益分岐点売上高を下回る売上高となれば損失が発生することになる。

損益分岐点売上高ならびに損益の状態は、変動費の割合が高い変動費中心型か、あるいは固定費の割合が高い固定費中心型かにより違いがみられる（金子［2014］110-114頁）。図表9―4に示されるように、損益分岐点売上高は変動費中心型の方が固定費中心型よりも金額が小さくなるため、より少ない売上高で利益が発生することになる。一方、損益分岐点売上高を上回った場合の利益の増加率は、変動費中心型よりも固定費中心型の方が大きいことがわかる。同様に、損益分岐点売上高を下回った場合の損失の拡大率は、変動費中心型よりも

第9章 損益分岐点分析 161

図表9—4　変動費中心型、固定費中心型の損益分岐点図表

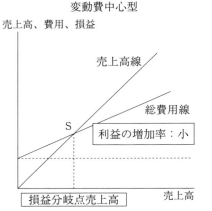
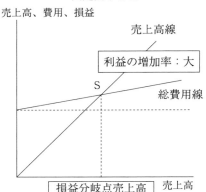

出所：金子［2014］111頁および113頁をもとに作成。

固定費中心型の方が大きくなる。このように、費用構造が変動費中心型か固定費中心型かにより、損益分岐点売上高、損益の拡大のしかたは異なることになる。

　先の日本銀行方式に基づく2013年3月期の日産の単体における固変分解では、変動費と固定費の割合が75.0％対25.0％であったため、日産の単体は変動費中心型といえる。したがって、日産の単体は損益分岐点売上高が比較的低くなるものの、損益分岐点売上高を超えてからの利益の増加は緩やかであると考えられる。

（2）損益分岐点売上高の算定方法

　損益分岐点売上高の算定は、以下の算式に基づき、一次方程式を利用して計算することができる。

　売上高 － 変動費（売上高×変動費率）－ 固定費 ＝ 利益

　利益は、売上高から費用、すなわち変動費と固定費を控除することにより計算される。損益分岐点売上高は、利益も出なければ損失も出ないため、上記の

算式の利益はゼロとおく。また、変動費については前述のように、売上高に変動費率を掛けることにより、変動費の金額を計算することができる。以下では、先の日本銀行方式で求めた変動費と固定費を用いて、2013年3月期の日産の単体における損益分岐点売上高を計算する。

2013年3月期の日産の単体における売上高は3兆5,262億円、変動費は2兆5,615億円、固定費は8,531億円であった。まず、変動費率を計算すると、変動費率は0.73（2兆5,615億円÷3兆5,262億円）となる。変動費率が計算されれば、一次方程式を利用して損益分岐点売上高を算定することができる。2013年3月期の日産の単体における損益分岐点売上高をS円とすると、変動費は0.73Sとあらわすことができ、固定費は8,531億円、利益は0円であるため、損益分岐点売上高は以下の算式によって3兆1,596億円と算定される。

$$
\begin{array}{rcl}
\text{売上高} - \text{変動費} - \text{固定費} &=& \text{利益} \\
S - 0.73S - 8{,}531\text{億円} &=& 0\text{円} \\
0.27S &=& 8{,}531\text{億円} \\
S &\fallingdotseq& 31{,}596\text{億円}
\end{array}
$$

また、損益分岐点売上高は以下の公式によっても算定することができる。売上高から変動費を控除した利益は貢献利益とよばれ[5]、売上高に占める貢献利益の割合を貢献利益率という。損益分岐点売上高は、固定費をこの貢献利益率で除することによって求めることができる。

$$
\text{損益分岐点売上高} = \frac{\text{固定費}}{\text{貢献利益率}}
$$

5）貢献利益は、限界利益ともよばれる。貢献利益は利益獲得に貢献する側面を強調する用語であるのに対し、限界利益は営業量の増減に応じて増減する限界部分の利益を強調する用語である（岡本［2000］484頁）。

4　損益分岐点比率と安全余裕率

損益分岐点売上高が算定されると、これに基づいて損益分岐点比率と安全余裕率を求めることができる。

（1）損益分岐点比率

損益分岐点比率とは、「損益分岐点の位置」ともよばれ、損益分岐点売上高が実際の売上高に対してどの程度の比率であるかを示す指標であり、以下の算式によって計算される。

$$損益分岐点比率（\%）=\frac{損益分岐点売上高}{実際の売上高}\times 100$$

損益分岐点比率が100％を下回り、低い比率であればあるほど、売上高の減少によって赤字に陥る可能性は低く、不況に対する抵抗力が強いと判断される。一方、損益分岐点比率が100％を上回ると赤字に陥っていることを示す。2013年3月期の日産の単体における損益分岐点比率は89.6％（3兆1,596億円÷3兆5,262億円×100）であった。

また図表9－5では、日産の単体における1990年3月期から2013年3月期までの損益分岐点比率と変動費・固定費の割合の推移を示している。日産の単体における損益分岐点比率は、バブル経済崩壊後の1992年3月期から90％台へと上昇し、それ以降1990年代は90％を超える水準で推移した。特に1993年3月期および1995年3月期は100％を超える水準となっており、日産の単体は経常損失を計上していた。また、2000年代に入ると「日産リバイバルプラン」により、2000年3月期の損益分岐点比率は100％を超えたものの、2001年3月期には84.2％まで低下し、それ以降2008年まで損益分岐点比率は低い水準にあった。しかし、2009年3月期はリーマン・ショックの影響により、

図表9—5　日産の単体における損益分岐点比率と変動費・固定費の割合の推移

	1990	1991	1992	1993	1994	1995	1996	1997	1998	1999	2000
損益分岐点比率（％）	82.6	84.2	90.9	103.6	99.5	107.8	96.4	92.3	94.2	98.3	104.7
変動費の割合（％）	77.1	78.1	79.1	80.7	76.5	75.5	75.0	73.0	73.1	73.0	73.5
固定費の割合（％）	22.9	21.9	20.9	19.3	23.5	24.5	25.0	27.0	26.9	27.0	26.5

2001	2002	2003	2004	2005	2006	2007	2008	2009	2010	2011	2012	2013
84.2	80.4	73.6	79.4	82.8	74.9	86.1	77.3	91.6	61.0	100.7	107.0	89.6
74.5	71.3	73.8	72.9	72.1	71.7	69.3	74.2	77.6	82.4	74.3	74.9	75.0
25.5	28.7	26.2	27.1	27.9	28.3	30.7	25.8	22.4	17.6	25.7	25.1	25.0

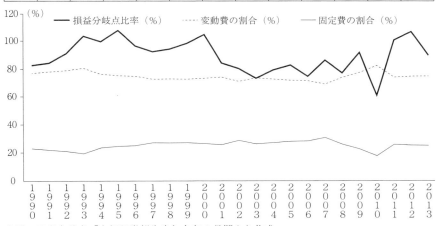

出所：日産自動車『有価証券報告書』各年3月期より作成。

損益分岐点比率が90％を超える水準にまで上昇したが、100％を超える水準には至らなかった。翌年の2010年3月期の損益分岐点比率は61.0％と低い水準となったが、これは経費が大幅に減少したことに加え、営業外費用が減少し、営業外収益が増大したため、固定費が小さく計算されたことが一因である。2010年3月期の固定費の割合は、一時的ではあるが17.6％まで低下している。さらに、2011年3月期、2012年3月期の損益分岐点比率は、100％を超える水準となっており、この2期における日産の単体は経常損失を計上していた。

(2) 安全余裕率

　安全余裕率とは、実際の売上高が損益分岐点売上高からどの程度上回っているかを示す指標であり、以下の算式に基づいて計算する。

$$安全余裕率（\%） = \frac{実際の売上高 - 損益分岐点売上高}{実際の売上高} \times 100$$

　安全余裕率が高ければ高いほど、実際の売上高が損益分岐点売上高からより離れていることをあらわし、収益力が高いことを意味する。他方、安全余裕率が示す比率は、その比率まで売上高が減少しても赤字にならないことを示しているため、安全余裕率が高い企業ほど不況に対する抵抗力が強いことを意味する。なお、損益分岐点比率と安全余裕率の合計は100％となり、その関係を図表9－6に示している。

　2013年3月期の日産の単体における安全余裕率は、10.4％（〔3兆5,262億円－3兆1,596億円〕÷3兆5,262億円×100）であった。日産の単体は、売上高が10.4％減少するまで経常赤字にならないことを示している。

図表9－6　損益分岐点比率と安全余裕率

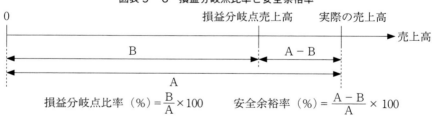

(参考文献)

大橋英五［2005］『経営分析』大月書店。

岡本清［2000］『原価計算（六訂版）』国元書房。

金子智朗［2014］『ケースで学ぶ管理会計―ビジネスの成功と失敗の裏には管理会計の優劣がある』同文舘出版。

島崎規子・沼中健［2009］『実例と演習で学ぶ―経営分析入門』中央経済社。
田中弘［2003］『経営分析―会計データを読む技法』中央経済社。
鳥邊晋司・東原英子［2006］『会計情報分析』中央経済社。
西村明・大下丈平編［2014］『新版　ベーシック管理会計』中央経済社。
日本銀行調査統計局［1996］『主要企業経営分析（平成7年度）』日本銀行。
門田安弘編［2016］『セミナー管理会計』税務経理協会。

コラム5　トヨタ生産方式をどのように考えるか

　トヨタ生産方式（Toyota Production System; TPS）は、いまや世界屈指の売上高を誇るトヨタで考え出されたものである。トヨタでは、TPSの中核としてジャスト・イン・タイムと自働化の2つを掲げている。ここで、ジャスト・イン・タイムとは、「必要なものを、必要なときに、必要な量だけ」作るという発想であり、「かんばん」と呼ばれる伝票のやりとりを通して、生産に伴う原材料や部品の納入、仕掛品の工程間の移動を制御し、工程内外の作業のタイミングを合わせることをめざしている。また、自働化とは、機械に人間の知恵を付与するという発想であり、作業者が異常を発見したら作業を停止して、不良品を後工程に送らないための工夫（ライン・ストップ・ボタンや異常発生提示装置の設置など）をさしており、工程の進行のばらつきを少なくすることをめざしている。これらジャスト・イン・タイムと自働化の2つの思想を具体化して、工程を同期化し、工程内に滞留する在庫を徹底的に削減して、資本の回転を高めるところにTPSの特質がある。

　在庫は、原材料、仕掛品、製品等からなり、将来に対する役立ちである用役潜在力を秘めている。したがって、在庫の価額は、資産性を有するものとして貸借対照表の棚卸資産に計上される。棚卸資産に資本が滞ることは、資金繰りを悪化させるだけでなく、保管・運搬のためのコストを発生させる要因となる。そこで、トヨタでは、TPSによって棚卸資産を極小化しているのである。

　たとえば、棚卸資産回転率（＝売上高÷棚卸資産）を計算してみよう。この比率は、棚卸資産が年に何回はけたかをあらわしており、保有する棚卸資産が少なければ少ないほど回数が高くなる。2017年3月期の連結では、10.8回（≒商品・製品売上高25兆8,135億円÷2兆3,886億円）であり、同業他社と比べても高く（日産は8.4回）、運転資金に余裕があることを示している（トヨタと日産の連結売上高には金融事業の収益が加算されているため、自動車事業の売上高を用いて計算した）。さらに単体では29.1回（≒11兆4,763億

円÷3,937億円）であり、連結を大きく上回っている。これは、生産工場を子会社化するというグループ政策があるとはいえ、親会社トヨタが本来持つべき棚卸資産を子会社、下請会社に抱えさせている可能性を示唆している。TPSが「下請いじめ」と批判されるゆえんをここにみることができる。

第10章　安全性の分析

1　安全性の分析とは

　企業の「安全性」とは、その企業が財務的に安定していて倒産などのリスクがないことを意味する。企業は、事業が継続的に行われていくことを前提に成り立っているため、財務的にどの程度安定しているかということを分析することはきわめて重要となる。また、安全性の分析は、このような安定の度合いが分析の中心となるため、短期的な視点と長期的な視点の両面から見ることも不可欠となる。本章では、日産の連結財務諸表を用いて、短期的な視点からは支払能力に、長期的な視点からは財務的な安定性に、それぞれ注目しながら分析を行ってみたい。また、資金面での安全性という視点から、企業の資金繰りにも注目し、売上債権や仕入債務の回転期間を用いた分析についても取り上げる。

2　短期的な支払能力——流動比率、当座比率、現金比率

（1）流動比率

流動比率は、短期的な支払能力を見るための比率で、以下の計算式で求める。

$$\text{流動比率(\%)} = \frac{\text{流動資産}}{\text{流動負債}} \times 100$$

　流動資産とは、営業循環内にあるか、1年以内に現金となる資産のことで、現金・預金、有価証券、売掛金、受取手形などがある。また、流動負債は、営業循環内にあるか、1年以内に返済しなければならない負債のことで、短期借入金、買掛金、支払手形などがある。すなわち、流動比率は、流動資産と流動負債とを対比させて、流動負債の返済に対して十分な流動資産が準備されているかを見るための比率となる。流動比率は、一般に200％以上、すなわち、流動負債の2倍の流動資産を保有していることが望ましいとされている。しかし、流動資産の中には、棚卸資産などすぐに現金化できないものがあるので、安全性の分析を行うときには注意を要する。

　日産自動車の流動資産と流動負債はどうなっているか。直近2期分（2015年度と2016年度）を示したものが図表10―1である。

　これをもとに流動比率を求めると、2015年度（2016年3月期）は158.9％、2016年度（2017年3月期）は162.5％である。いずれの期も200％には達していないが、160％程度で推移している。仮に流動負債をすべて返済するとしても、それを超えて流動資産は保有されており、短期的な支払能力にはある程度の余裕があるとみてよいであろう。

　それでは、日産の流動比率は時系列で見るとどのように推移しているか。図表10―2は、過去約30年にわたる、1989年度（1990年3月期）～2016年度（2017年3月期）の流動比率をグラフにしたものである。これを見ると、流動比率は、バブル経済の崩壊が始まった1990年度以降、低下傾向を続け、1994年度には100％を割り込んで86.1％となった。これは、流動負債が流動資産を上回る状況となったことを意味する。なお、日産が「事業構造改革」、すなわち、リストラの実施を決定したのは1993年2月のことであった[1]。しかし、その後も低下は続き、1997年度には75.1％まで下がった。

　こうした中で、1999年3月、フランスのルノーとの間で、資本参加を含む自動車事業全般にわたる提携契約を結び、同年6月、ルノー出身のカルロス・ゴーン氏が日産の代表取締役最高執行責任者に就任し[2]、本章以前に述べられた

図表10－1　日産の流動資産と流動負債（連結）　　　（単位：百万円）

	2015年度（2016年3月期）	2016年度（2017年3月期）
流動資産合計	10,747,573	11,462,549
現金及び預金	918,771	1,122,484
受取手形及び売掛金	837,704	808,981
販売金融債権	6,653,237	7,340,636
有価証券	73,384	121,524
商品及び製品	857,818	911,553
仕掛品	86,313	73,409
原材料及び貯蔵品	330,435	288,199
繰延税金資産	251,689	156,457
その他	825,080	746,650
貸倒引当金	△86,858	△107,344
流動負債合計	6,764,187	7,054,220
支払手形及び買掛金	1,479,689	1,578,594
短期借入金	1,037,271	980,654
1年内返済予定の長期借入金	1,350,894	1,339,982
コマーシャル・ペーパー	499,875	430,019
1年内償還予定の社債	357,998	368,101
リース債務	14,916	31,565
未払費用	981,989	1,112,591
繰延税金負債	51	2
製品保証引当金	106,536	110,086
その他	934,968	1,102,626

注：金額の「△」はマイナスを示す。
出所：日産自動車［2017］『有価証券報告書』3月期。

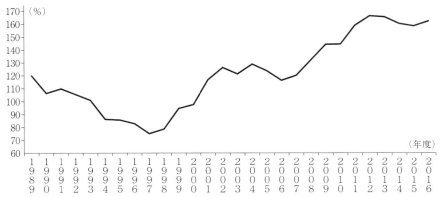

図表10－2　日産の流動比率の推移

出所：日産自動車『有価証券報告書』各年3月期より筆者作成。

ように、経営再建が進められていくことになった。経営再建という点では、収益性も併せて分析していく必要があるが、日産の安全性においても、流動比率が上昇傾向に転じるようになった。2011年度以降は150％を超えており、おおむね160％前後で推移している。

(2) 当座比率

　流動資産はさらに、当座資産、棚卸資産、その他の流動資産に分けられる。このうち、当座資産とは、ただちに現金化できる資産のことで、流動資産の中でも換金性が高いものである。貸借対照表上の資産の区分や勘定科目には「当座資産」という名称は出てこないが、現金・預金、受取手形、売掛金、有価証券が当座資産である。当座比率は、この当座資産を流動負債と比較することで、企業の短期的な支払能力をより厳密に分析するもので、以下の計算式で求める。

$$当座比率（％）= \frac{当座資産}{流動負債} \times 100$$

　当座比率は、一般に100％以上、すなわち、流動負債をすべて返済しても、換金性の高い当座資産がまだ残っていることが好ましいとされている。
　日産の直近2期分の当座資産と流動負債は、図表10—3のようになっている。
　日産の連結貸借対照表には、「販売金融債権」という勘定科目がある。日産は、グループの事業を「製品およびサービスの特性に基づいて、自動車事業と販売金融事業に区分される」としたうえで、販売金融事業について、「自動車事業の販売活動を支援するために、販売及びリース事業を行っている[3]」として

1）「事業構造改革」の具体的な内容は、国内販売体制の強化、商品力の強化、商品収益力の強化、国内生産工場の集約化、直接労働生産性の年率10％の向上、海外事業の体質強化、組織の効率化による人員の削減及び財務体質強化等であった（日産自動車［1994］『有価証券報告書』3月期、21頁）。
2）日産自動車［1999］『有価証券報告書』3月期、3頁、9頁。

図表 10—3　日産の流動資産と当座資産（連結）

(単位：百万円)

	2015 年度（2016 年 3 月期）	2016 年度（2017 年 3 月期）
当座資産合計	8,483,096	9,393,625
現金及び預金	918,771	1,122,484
受取手形及び売掛金	837,704	808,981
有価証券	73,384	121,524
販売金融債権	6,653,237	7,340,636
流動負債合計	6,764,187	7,054,220

注：当座資産の合計額は貸借対照表には直接表示されない。
出所：日産自動車［2017］『有価証券報告書』各年 3 月期より作成。

いる。また、販売金融事業では、「厳格な与信審査により顧客へのオートローンやリース、ディーラーへの在庫金融などを中心とした金融サービスを提供している」、「当社グループにとって重要なコアビジネスのひとつである」などとも説明している。販売金融債権については、日産は、「受取手形及び売掛金と同様に顧客の信用リスクに晒されている」としている。販売金融債権の金額は、上記図表 10—3 を見ていただければわかるように、2015 年度は 6 兆 6,532 億円、2016 年度は 7 兆 3,406 億円と、非常に巨額である。

　こうした販売金融債権も当座資産に含めて当座比率を計算すると、2015 年度は 125.4％、2016 年度は 133.2％で 100％を大きく超えており、数字を見る限りでは流動負債に対して十分な当座資産も確保されているといえる。しかし、販売金融債権を含めない場合は、2015 年度は 27.1％、2016 年度は 29.1％となる。日産が自動車の販売に関してリース債権やローン債権をいかに多く抱えているかがわかる。これだけ多額の販売金融債権を抱えているということは、良い意味で捉えれば、それだけ日産の車が多く購入されたり、リースされたりしていることになるが、逆の見方をすれば、こうした債権は予定通りに回収できるのか、きわめて大きなリスクを抱えていることになる。

---

3) 日産自動車［2017］『有価証券報告書』3 月期、92 頁。
4) 同上書、75 頁。
5) 同上。
6) 同上。

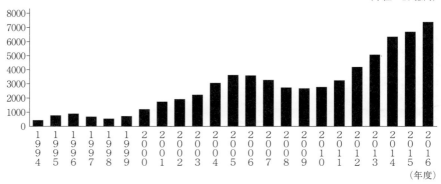

図表10―4　日産の販売金融債権の推移（連結）

出所：日産自動車『有価証券報告書』各年3月期より作成。

図表10―4は、販売金融債権の金額の推移である。

日産の連結貸借対照表に「販売金融債権」という勘定科目が登場するのは1995年度（1996年3月期）からである。これについては、1995年度の『有価証券報告書』の連結財務諸表の「表示方法の変更」において、「販売金融子会社における保有債権の重要性が増したため、『販売金融債権』として区分掲記した。なお、前期（1994年度――筆者注）の『販売金融債権』は406,615百万円であり、『売掛金』『短期貸付金』等に含まれている[7]」との記述がある。このため、1994年度以前の連結貸借対照表において、金額は不明であるが、「売掛金」の中に販売金融債権の一部あるいは全部が含まれていると思われる。

販売金融債権は2000年度に1兆円を超え、2007年度～2009年度にはサブプライム問題やリーマン・ショックの影響のため減少しているが（それでも、2兆5,000億円を超えている）、2010年度以降は再び増加傾向となっている。

当座資産に販売金融債権を含めた場合と含めなかった場合とで当座比率を計算したものが、図表10―5である。

販売金融債権の金額が連結貸借対照表に表示されるようになった1995年度以降、販売金融債権を含めた場合で、当座比率が理論上望ましいとされる100

7）日産自動車［1996］『有価証券報告書』3月期、73頁。

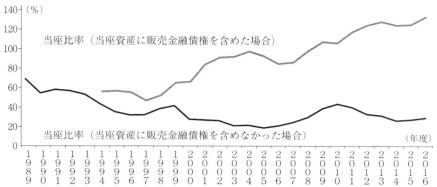

図表10―5　日産の当座比率の推移

注：販売金融債権は、1994年度以前は、金額は不明であるが、売掛金にその一部または全部が含まれているものと思われる。
出所：日産自動車『有価証券報告書』各年3月期より作成。

％を初めて超えたのは2009年度である。2009年度の販売金融債権の金額は、2兆6,458億円であった。同じ年度で、販売金融債権を含めなかった場合の当座比率は38.7％であった。

2010年度以降でも、販売金融債権を含めた場合は上昇傾向にあるが、含めなかった場合は下落傾向にある。日産の場合、「リスクに晒されている」と日産自身も認めている巨額の販売金融債権が、当座比率の数値を大きくかさ上げしていると見ることもでき、分析の際には注意が必要になる。

（3）現金比率

現金比率は、流動負債に現金・預金を対比させて、その時点での企業の支払能力を見るものである。回収リスクのない、支払手段そのものである現金・預金を用いる比率なので、今、流動負債をすべて返済するとした場合に、どの程度の現金・預金が準備されているかを示す比率ということになる。すなわち、最も安全確実な短期の支払能力を示す比率となるもので、以下の計算式で求められる。

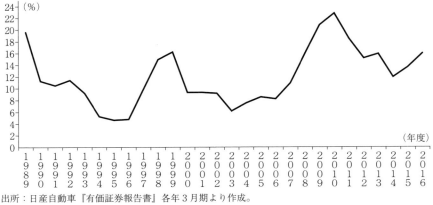

図表10—6　日産の現金比率の推移

出所：日産自動車『有価証券報告書』各年3月期より作成。

$$現金比率（％）= \frac{現金・預金}{流動負債}$$

　日産の現金比率は、2015年度が13.6％、2016年度が15.9％である（現金・預金と流動負債の金額については、前掲図表10—1を参照されたい）。

　図表10—6は、日産の現金比率の推移を示したグラフであるが、増加と減少を繰り返している。ピークは2010年度で、22.8％である。直近の2016年度は前述の通り15.9％であり、ピーク時と比べると7％程度低い数値となっている。

　では、現金及び預金の推移はどうか。それをグラフにしたものが図表10—7である。現金及び預金も増加と減少を繰り返しているが、金額を見ると、直近の2016年度は1兆1,224億円で、初めて1兆円を超えた。なお、2010年度は9,988億円であった。

　日産は、流動比率では、支払能力はきわめて安全であると見ることができ、また、販売金融債権を含めた当座比率も、理論上望ましいとされる100％を大きく超えている。その一方で、現金比率は15％前後であった。特に最も安全確実な短期の支払能力で見れば、バブル崩壊直前から1990年代前半、2000年代前半、そして2010年代と、3度にわたり現金比率を低下させていたことが

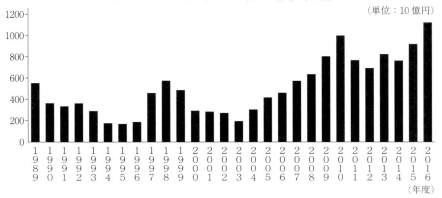

図表10―7　日産の現金及び預金の推移（連結）

出所：日産自動車『有価証券報告書』各年3月期より作成。

わかる。また、当座比率は、販売金融債権を含めた場合と含めなかった場合とで大きく開きがあるため、注意を要するといえる。

3　長期的な財務の安定性
　　――自己資本比率、固定比率、固定長期適合率

（1）自己資本比率

　安全性の分析においては、総資本のうち自己資本などの長期的な資金調達がどのくらいの割合を占めているかということによって、財務的な安定性の分析を行うことができる。
　連結・個別ともに、貸借対照表の右側には「負債」と「純資産」が記載されるが、資金の調達方法の違いによって、「他人資本」（負債）と「自己資本」（純資産）とに分けられる。また、他人資本（負債）と自己資本（純資産）との合計を「総資本」という。他人資本（負債）は、後日返済しなければならない義務があるもので、銀行からの借入金などが挙げられる。これに対して自己資本（純資産）は、返済する必要がないもので、株主に帰属する資金（資本金や

資本準備金、利益剰余金など）が挙げられる。「純資産の部」に含まれる項目は、いずれも返済の義務がないものであるので、自己資本（純資産）が総資本に占める割合を見ることによって、安全性の分析を行うことができる。たとえば、純資産の割合が50％を超えていれば、総資本の半分以上が返済義務のない純資産で占められていることになり、それだけ安全性も高いと考えることができる。

自己資本比率は、基本的に以下の計算式で求める。

$$①自己資本比率（\%）= \frac{自己資本（純資産）}{総資本} \times 100$$

なお、自己資本比率の計算では、「自己資本」の捉え方により、2通りの計算式が考えられる。1つは、上記のような純資産全体を「自己資本」とするものである（これを計算式①とする）。もう1つは、純資産の部のうちの「株主資本」と「その他の包括利益累計額」の合計を「自己資本」とするもので、以下のような計算式で示される（これを計算式②とする）。

$$②自己資本比率（\%）= \frac{株主資本＋その他の包括利益累計額}{総資本} \times 100$$

連結・個別ともに、日本の会計基準における貸借対照表には、かつては「資本の部」が設けられていたが、これと現在の「純資産の部」とは同じものではない[8]。かつての資本の部は、株主に帰属する資本を示すものであったので、資本の部の合計額がそのまま「自己資本」であった。資本の部の合計額を負債・資本の部の合計額（総資本）で割れば、問題なく自己資本比率を計算すること

8）2005年12月公表の「貸借対照表の純資産の部の表示に関する会計基準」および2006年5月施行の「会社法」によって、「資本」から「純資産」に変更された。また、これに伴って貸借対照表上の表記も、「資本の部」にかわって「純資産の部」に変更された。貸借対照表においては、2006年4月1日以降に始まる事業年度から、「純資産の部」となった（3月が本決算の企業では、2007年3月期の貸借対照表から、連結・個別ともに「純資産の部」となった）。

図表10―8　日産の連結貸借対照表における「資本の部」と「純資産の部」

資本の部
```
資本金
資本剰余金
利益剰余金
その他有価証券評価差額金
為替換算調整勘定
自己株式（△）
```

純資産の部
```
株主資本
　資本金
　資本剰余金
　利益剰余金
　自己株式（△）
```
```
その他の包括利益累計額
新株予約権
少数株主持分
```

注：1　資本の部は2005年度（2006年3月期）、純資産の部は2016年度（2017年3月期）による。
　　2　「△」は控除項目であることを示す。
出所：日産自動車の連結貸借対照表より作成。

ができたのである。

　しかし、資本の部から変更された純資産の部は、資産と負債の差額と捉えられ、株主からの拠出による「株主資本」と、それ以外の項目とで構成されるようになった[9]。純資産の部となった現在では、純資産の部のうちの「株主資本」が株主に帰属する資本という説をとり、これに「その他の包括利益累計額」の一部を加えたものが、かつての資本の部に相当するものとなっている（図表10―8）。「株主資本」と「その他の包括利益累計額」の合計額を自己資本とする場合は、自己資本というものをより厳密に捉えるということになるであろう。

　本章における自己資本比率は、基本的に計算式①で計算していく。

　自己資本比率が高いほど、その企業は安定した（長期的な）資金が確保できているということになり、財務的に安定しているということができる。

　日産の直近2期分の負債・純資産の概要は、図表10―9のようになっている。純資産の部については、その内訳も示している。これをもとに自己資本比率を計算すると、2015年度が29.6％、2016年度が28.1％である。

　なお、有価証券報告書や決算短信には、その企業が自社の自己資本比率を算出して掲載しているが、そこでは、株主資本とその他の包括利益累計額の合計を自己資本として、すなわち、前述の計算式②で計算されている。日産も同様

9）伊藤［2006］34頁。

図表10—9　日産の負債・純資産の部（連結）　　（単位：百万円）

負債・純資産の部	2015年度 （2016年3月期）	2016年度 （2017年3月期）
負債合計	12,232,898	13,253,872
流動負債	6,764,187	7,054,220
固定負債	5,468,711	6,199,652
純資産合計	5,140,745	5,167,136
株主資本	5,413,516	5,631,717
資本金	605,814	605,814
資本剰余金	805,646	817,464
利益剰余金	4,150,740	4,349,136
自己株式	△148,684	△140,697
その他の包括利益累計額合計	△692,251	△769,870
その他有価証券評価差額金	64,030	57,778
繰延ヘッジ損益	△4,486	7,154
連結子会社の貨幣価値変動会計に基づく再評価積立金	△13,945	△13,945
為替換算調整勘定	△582,363	△687,841
退職給付に係る調整累計額	△155,487	△133,016
新株予約権	502	391
非支配株主持分	418,978	304,898
負債純資産合計	17,373,643	18,421,008

注：金額の「△」はマイナス。
出所：日産自動車［2017］『有価証券報告書』3月期。

である。これで計算すると、2015年度は27.2％、2016年度は26.4％と計算される。本稿で用いた計算式①の計算結果はそれぞれ、29.6％、28.1％であったので、計算式②を用いた場合は2％程度低い数値で計算される。

　日産の自己資本比率の推移はどうなっているか。それを示したのが図表10—10である。連結・個別ともに、貸借対照表において、2005年度までは「資本の部」、2006年度からは「純資産の部」となった。自己資本比率も、2005年度までは資本／総資本、2006年度からは純資産／総資本で計算した。これを見ると、1989年度は30.9％であったが、バブル崩壊後、自己資本比率は下落を続け、1999年度には14.2％まで下がった。当時、カルロス・ゴーンCEOによる経営再建が着手され、その後は上昇傾向となり、直近では、2007年の32.2％が最も高い数値となっている。最近は30％前後で推移している。経営危機に陥っていた1990年代末期から見れば、自己資本比率は2倍程度まで改善しているが、それでも30％程度である。直近2016年度の自己資本比率（連結）で、トヨタが38.3％、ホンダが39.9％であることを考えれば、自己資本比率からみる限り、3社中、日産が最も安全性が低いといえる。

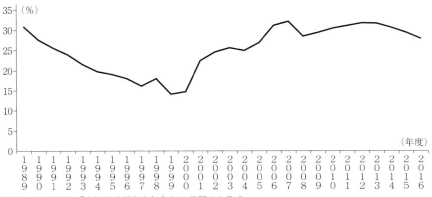

図表10―10　日産の自己資本比率の推移

出所：日産自動車『有価証券報告書』各年3月期より作成。

（2）固定比率

　企業が事業活動を行ううえで必要な資産には、長期にわたって使用されるものがある。このような資産は「固定資産」と呼ばれる。固定資産はさらに、有形固定資産、無形固定資産、投資その他の資産の3つに分けられる。

　これらの固定資産は、長期的な資金によって賄われることが望ましいが、最も望ましいのは、返済を必要としない自己資本によって賄われていることである。固定比率は、固定資産を自己資本でどの程度賄えているかを示す比率で、以下の計算式で求められる。

$$\text{固定比率（\%）} = \frac{\text{固定資産}}{\text{自己資本（純資産）}} \times 100$$

　一般に、固定比率は100％以下、すなわち、固定資産が自己資本（純資産）の金額の範囲内で賄われていることが望ましいとされている。

　日産の直近2期分の固定資産と自己資本（純資産）は、図表10―11のようになっている。

　これをもとに固定比率を計算すると、2015年度は128.9％、2016年度は

図表10－11　日産の固定資産と自己資本（純資産）（連結）（単位：百万円）

	2015年度（2016年3月期）	2016年度（2017年3月期）
固定資産合計	6,626,070	6,958,459
有形固定資産	5,216,902	5,275,221
無形固定資産	130,877	127,807
投資その他の資産	1,278,291	1,555,431
純資産合計	5,140,745	5,167,136

出所：日産自動車［2017］『有価証券報告書』3月期。

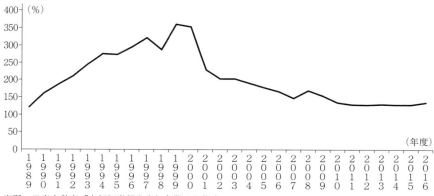

図表10－12　日産の固定比率の推移

出所：日産自動車『有価証券報告書』各期より作成。

134.7％である。いずれの期も、100％を大きく上回ってしまっている。

では、固定比率の推移はどうか。それを示したのが図表10－12である。

1989年度以降、日産の固定比率は常に100％を超えているが、バブル崩壊後は200％を超え、1999年度には360.6％まで数値が悪化していた。その後は資産リストラの効果で、比率は低下傾向になり、最近は130％前後で推移している。推移でみれば、日産にとっては100％超が常態化している。130％前後であっても、財務的にはなぜ大きな問題がないのだろうか。次に、固定長期適合率で、この点をさらに分析しよう。

(3) 固定長期適合率

固定比率の補助的な比率として用いられるものに固定長期適合率がある。固定長期適合率は、固定資産を自己資本だけでは賄いきれない場合、返済の期限が長期（1年以上）にわたる固定負債も加えて、固定資産をどの程度賄えているかを示す比率で、以下の計算式で求められる。

$$固定長期適合率（\%） = \frac{固定資産}{自己資本（純資産）+固定負債} \times 100$$

一般には、100％以下が望ましい。日産の直近2期分の固定資産、自己資本（純資産）、固定負債は図表10—13の通りである。

比率の分母にあたる自己資本（純資産）と固定負債の合計は、2015年度が10兆6,094億円、2016年度が11兆3,667億円である。これをもとに固定長期適合率を計算すると、2015年度は62.5％、2016年度は61.2％となる。望ましいとされる100％を大きく下回っている。日産は、自己資本と固定負債とを合わせた長期的な資本では、固定資産を十分に賄えているのである。

固定長期適合率も時系列で見るとどうか。それを示したのが図表10—14である。バブル崩壊後の1990年代半ばから経営危機に陥っていた1999年代末期、2000年代初頭までは100％を超えていた。この時期、日産は財務の安定性を欠いていたことがわかる。しかし、それ以降、財務安定性は改善して、最近は

図表10—13　日産の固定資産、自己資本（純資産）と固定負債　（単位：百万円）

	2015年度（2016年3月期）	2016年度（2017年3月期）
固定資産合計	6,626,070	6,958,459
純資産合計	5,140,745	5,167,136
固定負債合計	5,468,711	6,199,652
社債	969,987	1,493,159
長期借入金	2,755,896	3,103,803
上記以外の固定負債	1,742,828	1,602,690

出所：日産自動車［2017］『有価証券報告書』3月期。

図表10—14　日産の固定長期適合率の推移

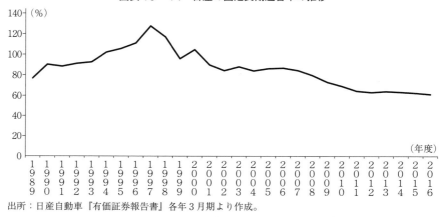

出所：日産自動車『有価証券報告書』各年3月期より作成。

60％程度で推移し、比較的安定している。

4　資金繰りの状況——売上債権回転期間、仕入債務回転期間

　企業は、売上や仕入に関して、現金ではなく、売掛金や受取手形、買掛金や支払手形で取引を行うことがある。このような場合は、売り上げた分の代金は後日受け取ることになるし、また、仕入れた分の代金も後日支払うことになるが、売掛金や受取手形がどれくらいの期間で回収されるか、また、買掛金や支払手形がどれくらいの期間で支払われるかという分析を行うことも必要となる。これによって、安全性の観点から企業の資金繰りの状況を見ることができるからである。

　このような分析には、売上債権回転期間や仕入債務回転期間を用いる。売掛金や受取手形のことを売上債権といい、また、買掛金や支払手形のことを仕入債務という（仕入債務は、買入債務とも呼ばれる）。

$$\text{売上債権回転期間（日数）} = \frac{\text{売上債権（受取手形及び売掛金）} + \text{受取手形割引高}}{\text{売上高}} \times 365$$

$$\text{仕入債務回転期間（日数）} = \frac{\text{仕入債務（支払手形及び買掛金）}}{\text{売上高}} \times 365$$

　売上債権や仕入債務が、売上高の何日分あるかを示す指標であり、いずれも、期間が短いほど売上債権の回収や仕入債務の支払いが円滑に行われており、資金繰りが順調であることを示す。なお、上記 2 つの計算式に、「365」のかわりに「12」をかければ、「月」単位での売上債権回転期間（月数）、仕入債務回転期間（月数）を、それぞれ計算できる。

（1）売上債権回転期間

　まず、売上債権回転期間から計算してみたい。日産の直近 2 期分の受取手形及び売掛金（売上債権）、販売金融債権、支払手形及び買掛金（仕入債務）、売上高は、図表 10―15 のようになっている。

　売上債権回転期間の計算では、分子に受取手形割引高も加えるが、日産はさらに販売金融債権も加算する。これで求めると、2015 年度は 224.31 日、2016 年度は 253.81 日で、回収までに 7 カ月～ 8 カ月程度の期間を要する計算になる。

図表 10―15　日産の売上債権、販売金融債権、仕入債務、売上高（連結）　（単位：百万円）

	2015 年度（2016 年 3 月期）	2016 年度（2017 年 3 月期）
《連結貸借対照表》		
受取手形及び売掛金	837,704	808,981
受取手形割引高	59	12
販売金融債権	6,653,237	7,340,636
支払手形及び買掛金	1,479,689	1,578,594
《連結損益計算書》		
売上高	12,189,519	11,720,041

注：受取手形割引高は、連結貸借対照表本体ではなく、連結貸借対照表関係の注記事項に記載されている。
出所：日産自動車［2017］『有価証券報告書』3 月期より作成。

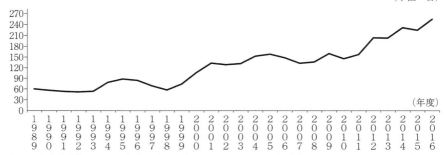

図表10―16　日産の販売金融債権を含む売上債権回転期間の推移

注：販売金融債権は、1994年度以前は、金額は不明であるが、売掛金にその一部または全部が含まれていると思われる。
出所：日産自動車『有価証券報告書』各年3月期より作成。

　売上債権回転期間がここまで長くなる原因が、膨大な額の販売金融債権にあることは明らかである。販売金融債権については、前述したように日産の重要なコアビジネスの1つであり、顧客の信用リスクに晒されていることは日産自身も認めている。販売金融債権の金額は2015年度が6兆6,532億円、2016年度が7兆3,406億円で、総資産に占める割合は2015年度が38.3％、2016年度が39.8％である。販売金融債権がいかに巨額であるかがうかがえる。

　販売金融債権を含めた売上債権回転期間の推移は、図表10―16に示した通りである。「月」単位での回収期間もイメージしやすいように、グラフの数値は30ずつに区切っている。30日でほぼ1カ月に相当する。日産の連結貸借対照表に販売金融債権が表示されるようになったのは1995年度からであり、それ以前の年度の金額は不明であるが、売掛金に販売金融債権の一部または全部が含まれていると思われる。それでも、推移で見れば、売上債権回転期間が年々長くなっているのが一目瞭然である。7～8カ月かけても、販売金融債権は回収できるのか、やはり大きなリスクを伴っていることに変わりはない。

　なお、販売金融債権を除いた売上債権回転期間は、2015年度は25.09日、2016年度は25.19日で、いずれもひと月以内に回収される計算になる。販売金融債権を除いた売上債権回転期間は、次の仕入債務回転期間の項で詳述したい。

図表10―17　日産の仕入債務回転期間と、販売金融債権を除いた売上債権回転期間の推移

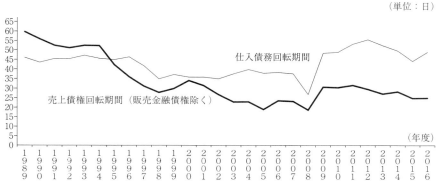

注：販売金融債権は、1994年度以前は、金額は不明であるが、売掛金にその一部または全部が含まれていると思われる。
出所：日産自動車『有価証券報告書』各年3月期より作成。

（2）仕入債務回転期間

　仕入債務回転期間も計算してみると、2015年度が44.31日、2016年度が49.16日で、いずれもおよそひと月半程度の期間で回収される計算になる。
　図表10―17は、仕入債務回転期間と、販売金融債権を除いた売上債権回転期間の推移をグラフにしたものである。
　1995年度で販売金融債権を除いた売上債権回転期間と仕入債務回転期間の日数が逆転しているが、これは、1995年度から、販売金融債権が連結貸借対照表で独立した勘定科目で表示されるようになったことが影響していると思われる。それ以前は、売掛金や短期貸付金に販売金融債権が含まれていたため、1994年度以前には、金額は不明であるが、売掛金に販売金融債権の一部または全部が含まれていると思われる。販売金融債権が売掛金から除外された分、売上債権回転期間の日数も短くなった。
　2009年度～2011年度にかけて日数が長くなっているが、これは2009年度～2010年度がリーマン・ショック、2011年度は東日本大震災の影響により、支払いの遅延が進展したものと思われる。その後は、仕入債務回転期間も売上

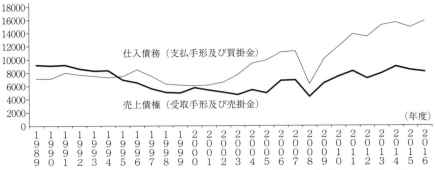

図表10―18 日産の売上債権(受取手形及び売掛金)と仕入債務(支払手形及び買掛金)の推移(連結)

(単位:百万円)

注:1994年度以前の売掛金には、金額は不明であるが、販売金融債権の一部または全部が含まれていると思われる。
出所:日産自動車『有価証券報告書』各年3月期より作成。

債権回転期間も短くなってきているが、最近は売上債権回転期間の短さがより顕著であるといえる。ここから読み取れるのは、売上債権回転期間は短く、仕入債務回転期間は長く取り、その期間の差を使って資金繰りを行っているという日産の財務上の動きである。実際にこうした回転期間の差を利用して資金繰りを行う企業も存在している。これを回転差資金という。なお、回転差資金は、仕入債務回転期間から売上債権回転期間を差し引いて求める。

これに関連して、最後に、売上債権(受取手形及び売掛金)と仕入債務(支払手形及び買掛金)の金額にも触れておきたい。

図表10―18は、日産の売上債権と仕入債務の推移である。これを見ると、最近の仕入債務の増加傾向が明確に読み取れる。一方の売上債権は、仕入債務ほどには増えていない。ここからも、代金を後日支払わなければならない仕入債務を増やす一方で、代金を後日受け取る売上債権は少なくしているという財務の動きがある。図表10―17で示した仕入債務と売上債権の回転期間の差とあわせて考えても、仕入債務は期間を長めに取り、金額を増やす一方で、売上債権は期間を短くし、金額も少なくして、なるべく早く回収しようという日産の財務の動きが浮かび上がってくる。

ここまで述べてきたように、安全性の分析は、支払能力や財務の安定性の比

率を使いながら、その企業が財務的にどの程度安定しているかを見るものである。企業の倒産のリスクを分析するということにも関連するものであり、短期的・長期的それぞれの視点から総合的な分析を行うことが求められる。また、"リスク"という点からは、財務諸表の数値や、それをもとに計算した財務比率を慎重に見きわめることが重要となる。

（参考文献）
伊藤邦雄［2006］『ゼミナール現代会計入門（第6版）』日本経済新聞社。
大橋英五［2005］『経営分析』大月書店。
岡本治雄［2014］『会計と財務諸表分析』唯学書房。
小栗崇資・熊谷重勝・陣内良昭・村井秀樹編［2003］『国際会計基準を考える―変わる会計と経済』大月書店。
小栗崇資・谷江武士編著［2010］『内部留保の経営分析―過剰蓄積の実態と活用』学習の友社。
小栗崇資［2016］『コンパクト財務会計―クイズでつける読む力』中央経済社。
白田佳子［2003］『企業倒産予知モデル』中央経済社。
日本経営分析学会編［2015］『新版　経営分析事典』税務経理協会。
有限責任あずさ監査法人［2011］『有価証券報告書の見方・読み方（第8版）』清文社。

第11章　内部留保の分析

　内部留保の分析は、現代企業の資本蓄積のありのままの実態を会計学的に分析する方法である。この内部留保は、企業の獲得した利益・利益剰余金を株主へ配当金として支払われたのち、社内に留保される部分である。ここでは剰余金の配当と社内留保、ストックの内部留保を分析する過程をとりあげる。分析資料として、日産やホンダの有価証券報告書に掲載されている株主資本等変動計算書、財務省の「法人企業統計」などを用いる。

1　利益留保のプロセスと内部留保の分析

　まず企業の利益がどのように内部留保されるかのプロセスについて見よう。
　内部留保とは、主として企業が稼得した利益を企業内部に蓄積することをいう。つまり利益を留保した利益剰余金とそれ以外にも貸倒引当金などの計上による利益の費用化や株式払込剰余金、土地の含み益などの隠れた利益留保をいう。
　企業が獲得した利益は、株主への配当金支払いで社外流出し、他方で社内に利益留保して蓄積される。それ以外に損益計算書で、各種の引当金繰入を費用として計上することによって利益が留保される。たとえば、売掛金や貸付金などの期末の債権に対して次期にその債権の何％かが回収できないと見積り、あらかじめ貸倒引当金繰入（費用）を計上し貸方に貸倒引当金を計上する。しかし決算時にまだ貸倒れは生じていない。それは次期の貸倒れに備えてあらかじめ費用を見積り計上しているが、期末時点ではまだ貸倒れは生じていないので、

図表11－1　日産の連結株主

	株主資本					その他の
	資本金	資本剰余金	利益剰余金	自己株式	株主資本合計	その他有価証券評価差額金
当期首残高	605,814	805,646	4,150,740	△148,684	5,413,516	64,030
当期変動額						
剰余金の配当			△182,803		△182,803	
親会社株主に帰属する当期純利益			663,499		663,499	
自己株式の取得				△277,859	△277,859	
自己株式の処分			11,835	7,284	19,119	
自己株式の消却		△17	△278,545	278,562	―	
連結範囲の変動			40		40	
持分法の適用範囲の変動			△3,795		△3,795	
株主資本以外の項目の当期変動額(純額)						△6,252
当期変動額合計		11,818	198,396	7,987	218,201	△6,252
当期末残高	605,814	817,464	4,349,130	△140,697	5,631,717	57,778

出所：日産自動車［2017］『有価証券報告書』3月期。

　その分だけ利益を内部に留保している。また2006年に制定の会社法は、株主への配当財源の枠組みを拡大し、企業が赤字に陥った場合にも資本準備金を取り崩して配当財源として剰余金と同様に分配できることとした。

　内部留保分析は、個別資本（企業）の利益留保の実態を明らかにすることである。企業の発展にとって一定程度の利益を内部留保することは必要と思われるが、大企業がますます社会的性格をおびるなかで、過剰な内部留保が行われていることが問題となっている。特に非正規従業員の雇用による人件費の大幅な抑制が行われ労働分配率が下落するなかで、内部留保が急増する傾向にある。賃金や雇用の増加、残業代の全額支払いにより本来支払われるべき人件費を支払ったならば、企業利益は減少し、剰余金の計上も減少し、内部留保を取り崩したのと同じことになる。内部留保分析は、賃金抑制や生産性向上による労働密度の増大、市場占有による売上収益の増大、利益分配の不公平さや多国籍企業の税逃れによる内部留保、税制による富の再分配などを明らかにするために

資本等変動計算書（2017年3月期）　　　　　　　　　　　　　　　（単位：百万円）

包括利益累計額					新株予約権	非支配株主持分	純資産合計
繰延ヘッジ損益	連結子会社の貨幣価値変動会計に基づく再評価積立金	為替換算調整勘定	退職給付に係る調整累計額	その他の包括利益累計額合計			
△4,486	△13,945	△582,363	△155,487	△692,251	502	418,978	5,140,745
		△469,202	△40,444	△448,976	2,401	330,665	△182,803
							663,499
							△277,859
							19,119
							―
							40
							△3,795
11,640		△105,478	△105,478	22,471	△111	△114,080	△191,810
11,640		△105,478	22,471	22,471	△111	△114,080	26,391
7,154	△13,945	△687,841	△81,638	△769,870	391	304,898	5,167,136

も重要になる。

　まず剰余金の分配等をしめす日産の連結株主資本等変動計算書（図表11―1）を見よう。この計算書は、貸借対照表の純資産の部の各項目が1期間にどのように変動したかを明らかにした計算書である。この計算書によって当期純利益の利益剰余金への加算、剰余金の配当、自己株式の取得・処分などの状況がわかる。

　たとえば日産の連結株主資本等変動計算書（2017年3月期）を見ると、株主資本の中で利益剰余金は、期首に4兆1,507億円であるが、親会社株主に帰属する当期純利益の6,634億円が利益剰余金に加算され利益留保し、株主への「剰余金の配当」として1,828億円が分配されている。この結果、利益剰余金4兆3,491億円は、公表内部留保といわれる部分で、会計学上も異論のない内部留保部分である。

2　配当性向と社内留保率及び自己資本配当率

　つぎに図表11―1の日産の連結株主資本等変動計算書を用いて、株主への「剰余金の配当」や利益の社内留保を明らかにするために配当性向や社内留保率そして自己資本配当率を見ていこう。
　当期純利益の分配は、配当金の支払によって資金が社外流出する部分と利益準備金や任意積立金などの形で社内に留保される部分がある。配当性向は、獲得した当期純利益が株主への配当金や中間配当（中間配当は金銭の分配にあたる）にどのくらいの割合で株主に分配されたかを見る比率である。

$$配当性向 = \frac{剰余金の配当}{当期純利益} \times 100$$

$$総配分性向 = \frac{剰余金の配当 + 自己株式の取得}{当期純利益} \times 100$$

　この配当性向の計算式により日産の2017年3月期をもとめると、27.55％である。このことは、当期純利益の3割弱が株主の配当金にまわされたことを示している。ホンダの連結持分変動計算書（2017年3月期）によると配当性向は、26.31％であり、日産よりも1.24ポイント低い。財務省の『法人企業統計』（2016年度）によると全産業平均が40.37％であるので日産やホンダの配当性向は低い。このことは日産やホンダの利益に対する配当金支払の割合が全産業平均よりも少ないことを示す。
　また総配分性向は、当期純利益に対する剰余金の配当と「自己株式の取得」を加えた合計額がどのくらいの割合であるかを示す。ここでは、自己株式の取得は1株当りの利益が増えることなどから、株主への還元と考えている。日産の2017年3月期の総配分性向は69.42％であるので、利益の7割が株主に還元されたことになる（図表11―1より計算）。総配分性向は、配当性向の2.5倍

に達している。

　つぎに社内留保率について見ていこう。この比率は当期純利益がどの程度社内に留保されたかを示す。この比率が高いほど、利益を社内に留保する割合が高いことを示している。

$$社内留保率 = \frac{当期純利益 - 剰余金の配当}{当期純利益} \times 100$$

　この上記の計算式に基づいて日産の社内留保率（2017年3月期）を計算すると72.45％である。当期純利益の約7割が社内に留保されている。ホンダの社内留保率は30.41％であるので日産より大幅に低い。この社内留保率は「法人企業統計」の内部留保率にあたる。法人企業統計（2016年度）による内部留保率（全産業平均）は59.63％であるので、日産の方が社内留保率が高いことを示している。

　この当期純利益を増やすために、経営者は売上高を増加したり、人件費、減価償却費、支払利息などのコストを削減する方策を講じている。

　つぎに自己資本配当率を見よう。この比率は、期中に投下された自己資本に対して、どのくらいの配当金の支払いが行われたかを示す。なお、従来の「資本の部」から「純資産の部」への変更に伴い、純資産概念は、資産と負債の差額概念に変わった。ここでは、自己資本は、純資産から新株予約権および非支配株主持分を控除した額を用いる。

$$自己資本配当率 = \frac{剰余金の配当}{期中平均自己資本} \times 100$$

　日産の2017年3月期の自己資本配当率をもとめると3.82％である。またホンダは、8.52％で、日産よりも約2倍も高い。日本企業の自己資本配当率は、欧米企業に比べて自己資本が多いために、低い傾向にある。なお、期中平均自己資本額は、（前期末自己資本＋当期末自己資本）÷2によって求められる。日産の期中平均自己資本額は4兆7,915億5,600万円で、剰余金の配当は、1,828億300万円である。

　自己株式の取得は、新自由主義経済による規制緩和に伴い、アメリカの制度

図表11―2　当期純利益の処分と内部留保（フロー）

年　度	税引前当期純利益	法人税住民税及び事業税	法人税等調整額	当期純利益	配当金（　）内は配当性向％
2009年度	226,478	135,311	△1,073	92,239	122,851 (133.2)
2010年度	340,740	145,101	8,776	186,864	103,574 (55.43)
2011年度	363,742	150,842	21,511	191,389	119,005 (62.18)
2012年度	397,101	154,286	4,473	238,343	139,574 (58.50)
2013年度	565,366	178,947	10,539	375,880	144,002 (38.31)
2014年度	603,207	176,081	14,024	413,101	168,833 (40.87)
2015年度	605,672	177,869	9,487	418,315	222,106 (53.10)

注：1　内部留保＝［2006年度調査以前］　内部留保＝当期純利益－役員賞与－配当金
　　　　　　　　［2007年度調査以降］　内部留保＝当期純利益－配当金
　　2　社内留保率＝（当期純利益－配当金）／当期純利益×100
出所：財務省『法人企業統計年報特集』（2014年度調査）。

にならって商法改正により認められた。従来は、自社株の取得は、株価操作に利用されるとの懸念から禁止されていたものである。自己株式取得により、自己資本が減少すると、1株当たりの利益が増大し、自己資本配当率が上昇する。このことにより株価を吊り上げて自社株を売却し金融収益をあげることもできる。

　つぎに図表11―2の法人企業統計により全産業の配当性向を見ると、2009年度の配当性向は当期純利益の9.2兆円に対して12.2兆円の配当金の支払いを行っているから133.2％である。社内留保率は△33.2％である。リーマン・ショックの不況の中、従業員の賃金や雇用を削減する一方、株主に対する配当金を増やし、配当性向は100％を超えている。2010年度以降になると社内留保率はプラスに転じ、2015年度には46.90％になり、配当性向は53.10％に下落している。

　経営者は、自社の株価を高めるために配当性向や配当金そして総配分性向を

(全産業の場合)　　(単位：億円)

フローの内部留保	社内留保率(フロー)(%)
△30,611	△33.2
83,290	44.6
72,384	37.8
98,769	41.4
231,878	61.7
244,268	59.1
196,210	46.90

高くして株主を集め、企業価値を高める考えがある。企業内に純利益を内部留保する割合（社内留保率）を見ると、最近では純利益の5割から6割近くが毎年社内留保されている（図表11—2）。

また海外事業活動による子会社や関連会社への株式投資であれば、受取配当額の一律95％を益金に算入しない。これは「外国子会社配当益金不算入制度」の優遇税制による。「受取配当金は課税益金に算入しなくてもいいという『法人間配当無視』が認められているからです。子会社や関係会社の株式等にかかわる配当については、課税ベースに100％不算入が認められています。子会社や関係会社に出資して配当金を得ることがあっても、その金額は課税対象にしなくてもいいのです[1]」。このように税制上は外国子会社への株式投資に対する受取配当を益金不算入により優遇している。

3　全産業の内部留保分析

内部留保の研究[2]では、公表（狭義）内部留保となるのは、公表利益の蓄積分である「利益剰余金」である。また実質（広義）内部留保となるのは、「利益剰余金」に他のさまざまな項目に隠された実質利益の蓄積分を加えたものであり、「利益剰余金＋資本剰余金＋引当金・準備金＋その他」によって算出する。「法人企業統計」の考える内部留保との違いは、法人企業統計では資金の内

---

1) 富岡 [2014] 61頁。
2) 小栗・谷江・山口編 [2015] 349-350頁。

第11章　内部留保の分析

図表 11―3　日産と全産業の公表内部留保と実質内部留保

	年　度	a 公表内部留保 利益剰余金	b 引当金 （流動負債）	c 引当金 （固定負債）	d 資本 剰余金
日産	2011 年 3 月期	27,332	856	2,808	8,044
	2012 年 3 月期	30,090	855	2,598	8,044
	2013 年 3 月期	32,542	874	2,580	8,044
	2014 年 3 月期	35,266	931	3,224	8,044
	2015 年 3 月期	38,118	1,129	4,656	8,045
	2016 年 3 月期	41,507	1,065	1,381	8,056
	2017 年 3 月期	43,491	1,100	1,283	8,174
全産業	2010 年度	2,938,808	95,657	373,425	1,200,240
	2011 年度	2,817,494	98,979	379,176	1,306,087
	2012 年度	3,044,828	101,803	382,260	1,278,213
	2013 年度	3,279,557	103,436	367,522	1,336,320
	2014 年度	3,543,775	117,344	373,783	1,392,082
	2015 年度	3,778,689	129,905	364,735	1,509,889

注： 1 　流動負債中の引当金は、製品保証引当金である。
　　 2 　固定負債中の引当金は、製品保証引当金および退職給付に係る負債を含んでいる。
出所：日産自動車『有価証券報告書』各年 3 月期、全産業は財務省『法人企業統計年報』より作成。

部留保として捉えられており、資本準備金を加えていない点、および自己株式を控除している点であり、その他資本剰余金やその他の項目は法人企業統計では内部留保としている。また内部留保を資金的に捉えることから、未払金等の増減、企業間信用差額の増減が負の場合、内部留保に含めている。図表 11―3 では、全産業の公表内部留保（利益剰余金）は、2015 年度に 377 兆円という巨額の公表内部留保が蓄積されるまでになっているが、この内部留保は、今日では、「投資その他の資産」（金融資産）に多く投入されている。2015 年度の全産業の実質内部留保は、578 兆円にも達している。自己株式の取得は、2010 年度の年間 15 兆円から 15 年度の 19 兆円へと拡大している。公表内部留保が増えた分は、自己株式の取得がほぼ同じ額となっている。日産の自己株式は、

---

3 ）小栗・谷江・山口［2015］348-349 頁。

の推移　　　　　　　　　　　　　（単位：億円）

実質内部留保 a＋b＋c＋d	自己株式
39,040	1,620
41,587	1,495
44,040	1,495
47,465	1,493
51,948	1,482
52,009	1,486
54,048	1,406
4,608,130	150,140
4,259,736	143,865
4,707,104	158,410
5,086,835	150,942
5,426,984	153,205
5,783,218	192,870

1,400億円超でほぼ横ばい傾向である。

日産と全産業の内部留保（図表11―3）を見ると、日産の公表内部留保である利益剰余金（連結ベース）は、2011年3月期から2015年3月期までに2.7兆円から3.8兆円へと1.1兆円も増えている。1年間に利益剰余金が約2,750億円も増加したことになる。その後、日産は2017年3月期には4.3兆円に達している。またホンダの利益剰余金は2013年3月期の5.2兆円から2015年3月期の6.0兆円へと2年間に約8,000億円も増加した。

実質内部留保とは、利益剰余金に流動負債と固定負債に計上されている引当金そして資本剰余金などを加えた額である。日産の実質内部留保は2011年3月期の3.9兆円から2015年3月期の5.1兆円へと4年間に1.2兆円も増加した。これは1年間に3,000億円も増加したことになる。2017年3月期には5.4兆円に達した。ホンダの実質内部留保は、2014年3月期が6.8兆円、2015年3月期が7.2兆円で、約5,000億円の増加となっている。

財務省の「法人企業統計（全産業）」の公表内部留保の利益剰余金では、2010年度の293兆円から2014年度の354兆円へ61兆円も増加している。1年間に15兆円も増加した。2015年度は377兆円へと前年度に比べ23兆円も急速に増えている。

また、金融業の実質内部留保を見ると、2010年度の460兆円から2015年度の578兆円へと18兆円も増大した。これは1年間に3.6兆円増大したことになる。

（参考文献）

小栗崇資・谷江武士・山口不二夫編［2015］『内部留保の研究』唯学書房。

小栗崇資・谷江武士［2010］『内部留保の経営分析―過剰蓄積の実態と活用』学習の友社。

田村八十一［2015］「内部留保分析から見た日本資本主義の特質―法人企業統計を用いた内部留保分析」小栗・谷江・山口編『内部留保の研究』唯学書房。

富岡幸雄［2014］『税金を払わない巨大企業』文藝春秋。

第12章　生産性分析と従業員の状況

　前章では、内部留保分析に関してその分析方法と過剰な内部留保の蓄積実態とその要因について見てきた。内部留保による過剰蓄積は、実は巨大企業の従業員の労働時間や労働密度の強化を伴う生産において内部留保の強化を伴って行われている。ここでは、この点を踏まえて、生産性分析と従業員の状況に関して見ていこう。

　生産性とは、生産活動の能率を意味し、生産性指標が用いられる。生産性指標には物的生産性、労働生産性、価値生産性、付加価値生産性が用いられる。労働者が生産活動によって新たに生み出した価値を付加価値と呼ぶ。ここでは日産の労働生産性、付加価値概念、付加価値と労働分配率に関して見たのち、全産業（経済）における付加価値と労働分配率、賃金、労働組合に関して考察していこう。

1　企業の労働生産性

　生産性に関する分析は、生産量や従業員数（平均）そして人件費に基づいて計算される。それは労働時間や労働密度と関連している。生産性の測定にはつぎのような方法がある。

　(1)従業員1人当り生産量は、物的生産性ともいわれ、この生産量が多くなると生産性が向上したといわれる。

　(2)1時間当りの生産量は労働生産性ともいわれ、この生産量が増えれば生産性が向上したことになる。従業員1人当り生産量（または売上高）が増大する

図表12―1　日産の従業員1人当り生産量（連結ベース）

	2011年3月期	2012年3月期	2013年3月期	2014年3月期	2015年3月期
従業員数（人）	155,099 (27,816) 計182,915	157,365 (34,775) 計192,140	130,274 (22,442) 計152,716	142,925 (21,750) 計164,675	149,388 (20,381) 計169,769
生産台数（台）	3,754,745	4,266,426	3,638,013	3,760,143	3,710,370
従業員1人当り生産量（台）	20.5	22.2	23.8	22.8	21.8

	2016年3月期	2017年3月期
従業員数（人）	152,421 (19,007) 計171,428	137,250 (19,365) 計156,615
生産台数（台）	3,777,876	4,114,678
従業員1人当り生産量（台）	22.0	26.2

注：1　従業員数は、就業人員であり、臨時従業員は（　）内に年間の平均人員を外数で表示している。
　　2　2015年3月期の販売金融事業の従業員数は、2,661（うち臨時従業員数73）人である。
出所：日産自動車『有価証券報告書』[2015]および[2017]により作成。

につれて相対的に従業員の労働強化となる。

　連結企業集団の分析では、国内外の子会社と親会社従業員を含む連結従業員数や国内外での子会社や関連会社での生産・サービスによってもたらされた生産量を用いる。また、子会社や関連会社に対する製品単価の切り下げが問題とされる。従業員は、常用従業員、臨時従業員、パート、出向者、派遣従業員など雇用が多様化している。このため従業員数を確定するには、雇用形態に違いがあるために困難を伴う。従業員の労働時間は所定労働時間に加え、残業、サービス残業などがあり、過度の肉体的精神的疲労を負う場合もある。企業では昼休みも定時にとれない場合があり、残業をしても不払い労働となる場合がある。このため企業の労働実態を踏まえて分析する必要が出てくる。

$$\text{従業員1人当り生産量（物的生産性）} = \frac{\text{生産量}}{\text{従業員数}}$$

$$\begin{matrix}1\text{時間当り生産量}\\(\text{労働生産性})\end{matrix} = \frac{\text{生産量}}{\text{労働時間}}$$

　図表12―1に基づいて日産の従業員1人当り生産量（台）を求めると、2011年3月期には、20.5台、2015年3月期には21.8台で1.3台も増えている。さらに2017年3月期には26.2台に増えているので、それだけ仕事量が増えている。またホンダは、生産事業の中で二輪、四輪、汎用及びその他の事業を行っており、このうちオートバイを多く生産している。だから日産とホンダとで、従業員1人当り年間生産台数を単純に比較はできない。ホンダは2012年3月期には、年間従業員1人当り75台生産していたが2015年3月期に85台になり、年間10台も増えている。さらに2016年の89.1台から2017年に91.8台になり年間2.7台も増えている。それだけ生産性が上昇しているが、従業員の年間生産量が増大し、仕事量が増えている。

2　従業員1人当り売上高（価値生産性）と従業員1人当り付加価値（付加価値生産性）

　従業員数1人当り生産額（または売上高）は、生産額（または売上高）を従業員数で除したもので価値生産性といわれる。1人当り生産額の指標は、外部から調達した部品費や外注加工費を生産額に含めるために、自社の純生産額を示していないという欠点を持つ。
　また従業員1人当り付加価値は、付加価値額を従業員数で除したもので、付加価値生産性または労働生産性ともいわれる。付加価値は、減算法または加算法によって求める。減算法では、売上高（あるいは総生産高）から原材料費やエネルギー消費などの前給付費用を控除する方法である。また加算法は財務省や日本銀行等が採用した方法である。この付加価値は、人件費＋支払利息＋賃借料＋租税公課＋営業純益によって求める。本章では、後述のように加算法を用いて付加価値額を計算している。

図表12−2 日産の1人当り売上高（単独ベース）

	2011年3月期	2012年3月期	2013年3月期	2014年3月期	2015年3月期	伸び率
従業員数 （人）	28,403 (1,707) 計30,110	24,240 (2,943) 計27,183	23,605 (2,671) 計26,276	23,085 (2,858) 計25,943	22,614 (2,704) 計25,318	△15.91%
売上高 (100万円)	3,432,989	3,734,336	3,526,252	3,737,844	3,516,415	2.43%
従業員1人 当り売上高 (100万円)	114.01	137.37	134.20	144.07	138.88	21.891%

	2016年3月期	2017年3月期	伸び率2017／2011
従業員数 （人）	22,471 (3,068) 計25,539	24,209 (4,398) 計26,607	△11.63%
売上高 (100万円)	3,493,419	3,729,335	8.63%
従業員1人 当り売上高 (100万円)	136.79	140.16	22.94%

注：1 従業員数には下段の（ ）内の臨時従業員数を含めている。
2 伸び率は2011年を基準とした2017年の伸び率である。

出所：日産自動車［2017］『有価証券報告書』3月期より作成。

$$\text{従業員1人当り生産額（または売上高）（価値生産性）} = \frac{\text{生産額（または売上高）}}{\text{従業員数}}$$

$$\text{従業員1人当り付加価値（付加価値生産性）} = \frac{\text{付加価値}}{\text{従業員数}}$$

　まず日産の1人当り売上高は、図表12−2のように2011年3月期の1億1,401万円から2017年3月期の1億4,016万円へと2,615万円増加している。これは価値生産性が増加したことを示している。ホンダの1人当り売上高の場合、2011年3月期の1億1,356万円から2017年3月期の1億3,055万円へと1,699万円も増加している。両社を比べると日産の方がホンダよりも、「従業員1人当り売上高」が高く仕事量が多いと見ることができる。
　従業員1人当り付加価値は、図表12−3のように2012年3月期の1,427万

円から13年3月期の1,889万円に1年間に462万円も増加している。このように日産は、2011年から2015年にかけて1人当り生産量、1人当り売上高ともに増加しており、従業員の生産性が高まる反面、この時期には労働強化が進んだ。また、2016年から2017年にかけて従業員1人当り付加価値は3,065万円から3,679万円へと614万円も増加している。このことから労働生産性が高まり労働強化が進んでいるとみることができる。

3　付加価値額と労働分配率

　企業は外部から購入した原材料やエネルギーそして設備、労働力などを用いて生産し、付加価値を加えて外部に販売し、その成果を従業員や株主、債権者、税務当局に分配する。その際、従業員が新たに生み出した価値を付加価値という。
　付加価値の計算方法には、前述のように減算法と加算法がある。減算法によると、付加価値は総生産高から前給付費用を控除する。前給付費用とは、原材料やエネルギー消費など前の段階の企業がすでに提供した価値の消費部分をいう。減算法による粗付加価値はつぎのように計算される。

```
　　　総生産高
－）材料費やエネルギー消費など（前給付費用）
－）減価償却費
　　　付加価値（純）
```

　総生産高は、売上高に棚卸資産（在庫）増加分を加算することにより計算する。粗付加価値は上記計算で減価償却費を控除しない。
　また加算法（旧日銀方式など）による付加価値の計算はつぎのようである。

付加価値＝人件費＋賃借料＋支払利息＋租税公課＋税引後利益
人件費＝労務費＋給料手当賞与＋退職給付引当金繰入＋福利厚生費

図表12―3　日産の付加価値額と労働分配率

	ⓐ 2012年3月期	ⓑ 2013年3月期	ⓑ-ⓐ 増減	ⓒ 2016年3月期
労務費	217,854	189,642	△28,212	216,276
給料賃金・諸手当	71,893	62,838	△9,055	72,092
退職給付引当金繰入（退職給付費用）	7,288	6,875	△413	△473
(1) 人件費合計	297,035	259,355	△37,680	287,895
支払利息	11,923	9,539	△2,384	8,342
社債利息	6,277	5,151	△1,126	―
コマーシャル・ペーパー利息	62	63	△1	―
リース負債利息	1,692	1,166	△526	―
(2) 他人資本利子合計	19,954	14,753	△5,201	8,342
(3) 経常利益	△62,424	111,526	137,950	388,799
経費中の減価償却費	113,112	92,691	△20,421	82,803
販・管費中の減価償却費	20,295	18,031	△2,264	15,156
(4) 減価償却費合計	133,407	110,722	△22,685	97,959
(5) 付加価値額 ((1)+(2)+(3)+(4))	387,972	496,356	108,384	782,995
従業員数（人）	27,183	26,276	△907	25,539
従業員1人当り付加価値額（100万円）	14.27	18.89	4.62	30.65
売上高（100万円）	3,734,336	3,526,252	△208,084	3,493,419
従業員1人当り売上高（100万円）	137.37	134.20	△3.17	136.78
労働分配率　(1)／(5)	76.56%	52.25%	△24.31%	36.76%

注：従業員数には（　）内の臨時従業員数を含めている。
出所：日産自動車［2017］『有価証券報告書』より作成。

　　賃借料＝建物などの賃借による費用
　　支払利息＝借入金や社債そしてコマーシャル・ペーパーなどの利息
　　経常利益＝租税公課＋税引後利益
　　　　　　なお、特別損益項目は臨時的で過年度修正項目の性質をもつので、
　　　　　　この項目を含めない。

(単独ベース：100万円)

ⓓ 2017年3月期	ⓓ−ⓒ 増減
218,439	2,163
72,813	721
2,086	2,559
293,338	5,443
6,950	△1,392
—	—
—	—
—	—
6,950	△1392
551,995	163,196
76,036	△6,767
17,933	2,777
93,969	△3,990
946,252	163,257
25,718	179
36.79	6.14
3,729,335	235,916
145.00	8.22
29.33%	—

減価償却費＝製造原価明細書（経費）中の減価償却費
販売及び一般管理費中の減価償却費
貸与資産減価償却費

　つぎに日産の労働分配率（図表12―3）を見ると、2012年3月期の76.56％から2013年3月期に52.25％へと24.31ポイントも下落している。これは、付加価値が1,083億円増加したにもかかわらず人件費を376億円も削減したからである。さらに労働分配率が、2016年3月期の36.76％から2017年3月期の29.33％へ、7.43ポイントも下落している。2012年から2017年にかけて労働分配率は下落していることがわかる。また、ホンダの労働分配率を見ると、2012年3月期の71.16％から2013年3月期の56.26％へと14.9ポイントも下落している。これは、付加価値が3,928億円から5,045億円へと1,117億円も増加したにもかかわらず、人件費を2,795億円から2,737億円へと58億円も削減したからである。

　企業分析によって大企業の生産性、従業員1人当り生産量、従業員1人当り売上高そして従業員1人当り付加価値、そして労働分配率を見てきた。いずれも、生産性の上昇にもかかわらず労働分配率は下落している。これらの数値とは反対に、財務省の「法人企業統計」によれば、2014年度の金融業と保険業を除く企業全体の内部留保は354兆円に達し、10年前と比べ150兆円も増加している。内部留保の増加は、国民の可処分所得にまわし経済の好循環に向けていくことが重要となっている。つまり企業レベルで賃金への分配や雇用量を増やし、国のレベルで税制により所得再分

図表12—4　日産の人件費の推移

	労務費 （百万円）	給料・手当 （百万円）	退職給付引当金 繰入 （百万円）	人件費 合計（百万円）
2012年3月期	217,854	71,893	7,288	297,035
2013年3月期	189,642	62,838	6,875	259,355
2014年3月期	(210,747)	70,249	5,978	(286,974)
2015年3月期	(246,915)	82,305	2,578	(331,798)
2016年3月期	(216,276)	72,092	2,086	(290,454)
2017年3月期	(218,439)	72,813	2,559	(293,811)

注：1　（　）内は、平均臨時雇用者数で、外数である。
　　2　年間平均給与は賞与および基準外賃金を含む。
　　3　福利厚生費は、記載がない為に計上していない。
　　4　2014年3月期から2017年3月期までの労務費は、給料・手当の約3倍として推計計算して
　　5　人件費は、労務費、給料・手当、退職給付引当金繰入を含んでいる。
　　6　人件費総額は、従業員給与総額の約1.4～1.5倍の額となっている。
出所：1　1人当り年間平均給与および従業員数は、日産自動車『有価証券報告書』の単独ベースの
　　　2　2013年3月期までの数字は『有価証券報告書』の製造原価明細書中の「労務費」及び「販

配機能を果たすことによって経済の好循環への転換が図れると思われる。企業利益の株主への配当金支払と巨額の内部留保の蓄積が行われると、間接的には労働者の給与や雇用の減少に影響するという関係にある。

　人件費は、従業員に支払われる労務費、給料手当、退職給付引当金繰入、福利厚生費などを含んでいる。この人件費のうち、労務費は、製造原価明細書に2013年3月期まで記載されていた。ところが財務諸表規則第75条第2項に定める製造原価明細書については、同ただし書きにより、連結財務諸表においてセグメント情報を注記している場合は、製造原価明細書の記載を免除している。すでに本講座のコラム欄で指摘されているように製造原価明細書の記載が省略された場合、労務費の金額は不明となった。

　ここでは、日産の『有価証券報告書』（2013年3月期）の「従業員の状況」

（単独ベース）

1人当り 年間平均給与 （万円）ⓐ	従業員数 （人）ⓑ	従業員給与総額 ⓐ×ⓑ（億円）	正規従業員 給与総額
705	24,240 (2,943)	1,916	1,708
699	23,605 (2,761)	1,842	1,649
766	23,085 (2,858)	1,987	1,768
776	22,614 (2,704)	1,964	1,754
795	22,471 (3,068)	2,030	1,786
816	22,209 (4,398)	2,171	1,812

いる。

数字による。従業員数は正規従業員数に臨時雇用数を含めて計算する。
売費及び一般管理費」中の給料・手当、退職給付引当金繰入である。

における年間平均給与と従業員数を用いて、従業員給与を計算する。しかし2014年3月期以降から製造原価明細書が発表されていないので、労務費や人件費を推計していこう（以下、図表12―4参照のこと）。

　日産の製造原価明細書・損益計算書による2012年3月期の人件費を見ると、2,970億円、2013年3月期は2,593億円である。2012年3月期は給料・手当が、718.93億円、労務費が2,178.54億円である。労務費は給料・手当の約3倍である。2013年3月期も同様の傾向である。2014年3月期から製造原価明細書により労務費が発表されていないので、上記から労務費および人件費を推計すると、2014年3月期の人件費は2,869億円、2015年3月期は3,317億円、2016年3月期は2,904億円、2017年3月期は2,938億円となる。2012年3月期から2017年3月期にかけて、人件費は、2015年に増加したものの、傾向的

に下落している。

　つぎに、日産の1人当り年間平均給与（図表12—4）を見ると、2012年3月期には705万円、2013年3月期に699万円、2014年3月期に766万円、2015年3月期に776万円、2016年3月期に795万円、2017年3月期に816万円で、6年間の平均が759.5万円である。正規従業員は、2012年から2017年にかけて、24,240人から22,209人へと2,031人も減少している。逆に臨時雇用数が、この間1,455人も増えている。臨時雇用数も含めた総従業員数の従業員給与総額で見ると2012年3月期に1,916億円であるが、臨時雇用者の賃金が正規従業員の半分だとすると、（1,916億円 − 1,708億円）÷ 2 = 104億円も賃金を削減していると考えられる。

4　全産業における付加価値と労働分配率

　つぎに図表12—5により全産業レベルにおける付加価値と労働分配率を見ていこう。リーマン・ショックによる不況期（2008年度）の付加価値は264.3兆円、人件費は197.5兆円で前年度に比べて減少している。2008年度の労働分配率は74.71％で高くなっている。その後2011年度以降の労働分配率は次第に減少し、2011年度の72.65％から傾向的に減少し、2016年度には67.56％にまで下落している。この原因として、従業員給与・賞与が2011年度の150.6兆円から2013年度に144.5兆円まで下落したことがあげられる。その後、従業員給与・賞与は2015年度に150.5兆円に回復したが、労働分配率は、67.49％に下落したのである。

　このように、リーマン・ショックに伴い、全産業で2008年度、2009年度の付加価値が減少し、人件費も減少したが、2010年度以降には付加価値が増大に転じているが、人件費の増加がそれに伴っていない。

　さらに資本金規模別に労働分配率の推移を見よう。資本金10億円以上の企業は、労働分配率が2012年度に60.5％で最も低くなっている。逆に資本金規模が小さい企業（資本金1億円未満）ほど、労働分配率が79.5％と相当高くな

図表12―5　全産業における人件費、付加価値、労働分配率

年度	2006	2007	2008	2009	2010
人件費（億円）	2,013,560	1,981,473	1,975,017	1,967,085	1,948,388
人件費のうち従業員給与・賞与（億円）	1,491,776	1,471,544	1,464,118	1,465,937	1,464,083
付加価値（億円）	2,907,755	2,854,573	2,643,278	2,633,478	2,719,175
労働分配率（％）	69.24	69.41	74.71	74.69	71.65

2011	2012	2013	2014	2015	2016
1,999,003	1,968,987	1,920,348	1,958,965	1,982,228	2,018,791
1,506,540	1,479,399	1,445,856	1,482,497	1,505,686	―
2,751,343	2,723,402	2,763,090	2,847,624	2,936,828	2,987,974
72.65	72.29	69.50	68.79	67.49	67.56

注：1　人件費＝従業員給与・賞与＋役員給与・賞与＋福利厚生費
　　2　付加価値＝人件費＋支払利息等＋動産・不動産賃貸料＋租税公課＋営業純益
　　3　営業純益＝営業利益－支払利息等
　　4　労働分配率＝人件費／付加価値×100（％）
　　5　従業員給与・賞与には役員給与・賞与を含んでいない。
出所：財務省財務総合政策研究所『財政金融統計月報』第774号、2016年度版より作成。

っている。2000年度から2012年度の労働分配率の推移を見ると、①2000年度から07年度にかけて好景気の中で企業規模計（平均）の労働分配率が73％から69％へ4ポイントも下落している。これに対して資本金10億円以上の大会社の場合、61％から53％へと8ポイントも下がっている。大会社は企業規模計（平均）よりも10～15ポイントも労働分配率が低い。資本金1億円未満の中小企業は、同時期に81％から79.5％へと2.5ポイントほど下落している。労働分配率はほぼ80％で推移している。②リーマン・ショック直前の2007年度から2012年度を見ると、企業規模計（平均）が69.5％から一時75％に上昇したものの、12年度には72.3％に下落している。資本金10億円以上の大会社の場合、53％から一時65％へ上昇したものの、12年度には60.5％に下落している。

図表 12—6　民間給与実態

	給与総額（兆円）	平均給与（万円）
2000 年分	216	461
2001 年分	214	454
2002 年分	207	447
2003 年分	203	443
2004 年分	201	438
2005 年分	201	436
2006 年分	200	434
2007 年分	201	437
2008 年分	201	429
2009 年分	192	405
2010 年分	194	412
2011 年分	195	409
2012 年分	191	408
2013 年分	200	413
2014 年分	203	415
2015 年分	204	420
2016 年分	207	421

出所：国税庁長官官房企画課『民間給与実態統計調査平成 28 年分』2017 年 9 月より。

　つぎに国税庁の「民間給与実態統計調査」によると、民間の給与総額（図表 12—6）は、2000 年に 216 兆円であったが、リーマン・ショックによる不況のもとで 2009 年には 192 兆円へと 24 兆円も減少している。2016 年になって 207 兆円に回復しているが、2000 年のレベルにはまだ達していない。また従業員の平均給与は、2000 年の 461 万円から 2009 年の 405 万円へと、年間 56 万円も減少している。2012 年から若干増えているが、2014 年に 415 万円で 2008 年に比べて 14 万円も減っている。1 年間に 2 万円以上も減少している。このように民間給与は、2000 年から 2016 年にかけて、461 万円から 421 万円へ 40 万円も減少している。

　大企業は、巨額の内部留保を蓄積しているのに対して、2000 年から 2016 年にかけて民間給与総額が 9 兆円も減少し、平均給与も年間 40 万円も減少している。2000 年から 2016 年にかけて 16 年間に給与総額や平均給与が減少して

いる。この反面、内部留保がこの間、大幅に増大している。このことからも国民の消費購買力は大幅に低下している。国内での設備投資が増えず、内部留保分は海外の子会社株式や関連会社株式そして投資有価証券などの金融資産に投入されている。

　つぎに労働者の賃金、雇用そして生活を守る労働組合について見よう。

　労働組合は、思想・信条、身分や資格、性別、国籍の如何を問わず労働者が参加できる組織で、労働組合法（5章33条からなる）で規定されている。労働組合は、賃金・雇用条件だけでなく生活諸条件の改善を目的としている。国税庁の「民間給与実態」で見てきたように、民間給与総額が2000年分から2014年分にかけて減少し、平均給与も減少している。このため政府も給与増額を経済界に働きかけ、内部留保課税を検討している。労働組合は、1970年代半ばから90年代初めのバブル崩壊まで、「労働組合運動の企業内への封じ込めが進んだ時期でもあった。ストライキは75年をピークに消滅的に減少し、総評が解散して連合が発足した89年以降、日本はほとんどストライキがない国になった」[1]ことが給与総額減少・雇用減少の背景にあると考えられる。労働組合は、労働者の賃金、雇用条件、生活諸条件の改善を目的としているが、賃金減額・解雇は労働者の生活基盤にかかわる重要なことである。

　たとえば最近の例で見ると、日本IBMの場合、かつて技術者の憧れであった職場で「ロックアウト解雇」が行われた。日本IBMは1937年にアメリカのIBMの子会社として設立され、約1万4,000人の従業員を有する巨大企業である。労働者をいきなり別室に呼び出して解雇を通告する「ロックアウト解雇」[2]を行った。これに対して、裁判の第1次、第2次原告の5人が東京高裁で和解した。これで原告11人中10人が和解し、3人が職場に復帰している。この東京高裁で出された判決は、すべて労働者が勝訴している。

　最後に1990年代以降、実質賃金のマイナス傾向や労働条件の悪化が生じている要因を見ておこう。

　厚生労働省の「毎月勤労統計」によれば、実質賃金は、1974年の実質賃金

1）森岡［2015］129頁。
2）田島［2017］9頁。

図表12―7　全産業（金融・保険業を含む）の人件費と

年度	2008	2009	2010	2011	2012	2013	2014
①利益剰余金（兆円）	309.2	300.7	325.6	315.5	342.0	372.6	403.1
②人件費（兆円）	197.2	196.5	194.8	199.7	196.7	191.8	196.1
②／①×100%	63.78	65.35	59.83	63.30	57.51	51.48	48.65
付加価値（兆円）	264	263	272	275	272	276	285
労働分配率（%）	74.7	74.7	71.6	72.6	72.3	69.5	68.8

出所：財務省『法人企業統計調査結果（平成28年度）』。

上昇率は、前年比30％の上昇となっている。その後、減少をはじめ2000年以降には実質賃金はマイナスになっている。

　2001年3月期から2007年3月期の人件費の圧縮は、自動車産業の従業員数にも表れており、2001年3月期の23万5,768人から2007年3月期の21万9,916人へと1万5,852人（0.9倍）も減少している[3]。

　自動車産業（17社）の内部留保と労働分配率の相互の関連がどのようであるか。自動車産業の連結内部留保を見ると2001年3月期の15兆円あまりから2008年3月期の30兆円あまりへと約15兆円も増大し倍増している[4]。

　大企業は、さまざまな口実をもうけて、内部留保を雇用の改善に活用しようとはしていない。その代表的な口実の1つは、「内部留保は自由に使える預貯金としてはない」というものである。たしかに、内部留保はさまざまな資産に投下されている。しかし、そのなかには現金・預金や有価証券をはじめとした換金可能な資産（換金性資産）に投下しているものも多くある。内部留保は好況期に上げた利益を株主配当にあてた残りを企業の現金・預金として保有したり、自己株式の購入にあてたり、売買目的有価証券や投資有価証券の購入にまわしていると考えられる[5]。

　3）小栗・谷江［2010］124頁。
　4）同上書、140頁。
　5）同上書、141頁。

公表内部留保

2015	2016	2008～16 年
429.2	460.6	48.96％
198.5	201.8	2.33％
46.25	43.81	△19.97 ポイント
294	299	13.26％
67.5	67.5	△7.2 ポイント

　さらに図表12―7を見ると、全産業の人件費は、2008年度から2016年度にかけてほぼ横ばい傾向にある。この期間の人件費の伸び率は2.33％であるのに対して、公表内部留保の伸び率は48.96％である。付加価値の伸び率は13.26％である。この期間の労働分配率は、マイナス7.2ポイントに大きく落ち込んでいるのである。

　この反面、内部留保がこの期間、大幅に増大している。このことからも国民の消費購買力は大幅に低下している。国内での設備投資が増えず、内部留保分は従業員の賃金や雇用に投入されないで、既に述べたように、現金・預金や、売買目的の有価証券や海外の子会社株式や関連会社株式、そして投資有価証券などの金融資産に多く投入されている。

　（参考文献）
　小栗崇資［2017］「日本経済における内部留保の構造」『経済』2017年11月号、
　　新日本出版社、61-75頁。
　小栗崇資・谷江武士［2010］『内部留保の経営分析―過剰蓄積の実態と活用』学
　　習の友社。
　田島一［2017］『巨象IBMに挑む―ロックアウト解雇を跳ね返す』新日本出版社。
　森岡孝二［2015］『雇用身分社会』岩波書店。

第13章　セグメント情報の分析
——多角化・多国籍企業の分析方法

1　企業の多角化と多国籍化

　企業は社会に対して有益な財貨やサービスを提供し、また労働者に対しては健全な就労の場を提供して、その存在意義が社会的に認められる。しかし、その一方で、企業が存続し成長し続けるためには利益の追求が第一義的である。変化してやまない経済社会環境において、企業は絶えず研究開発、設備投資、人材育成等の新陳代謝を繰り返し行わなければ、競争で生き残ることはできない。利益はそのための原資となっている。企業は利益を獲得し、さらにそれを強化するために、さまざまな要因によって進展するが、新たな市場を求め多角化・多国籍化を推し進めるのである。

　多角化は、企業内部の未利用の余剰資源の有効活用やリスクの分散を目的に、既存事業との関連性を基にした技術関連多角化と市場関連多角化、既存事業との関連性を有しない非関連多角化に分類できる。一般的には既存経営資源を有効に利用できる分野への多角化が高い成果をもたらすという。たとえば、キリンビール社に見られる、ビール事業からワイン、清涼飲料水、医薬品分野等へのM&Aを通した事業展開がこれである。

　それに対して多国籍化とは、自らの活動の領域を本籍国だけでなく海外にまで拡張することを指し、「経済のグローバル化を推進力に、自らの国内事業の支配をさらに海外まで押し広げ、世界戦略のもとに、より大きな利潤の獲得に努める企業（資本）のこと[1]」をいう。マクドナルド社やスターバックスコーヒ

一社などが有名である。

　多国籍企業の国際経済との関係としては、2010年時点で、世界のGDPの4分の1、輸出総額の3分の2を握るという状況になっており、5兆ドル以上といわれる膨大な内部留保を背景に、多額の資金が直接投資や金融投資として動くことで、世界経済がさらに大きく影響されているといわれている。[2]

　こうした多角化や多国籍化は企業自身だけでなく、雇用の増大、有益で安価な商製品・サービスの供給という点で、自国及び海外の労働者や消費者にも多くのメリットをもたらすことも多いのであるが、一度、業績が悪化したり、他により良好な進出条件が生まれた場合には、「資本の論理」により、遠慮会釈なく事業規模の縮小や事業（所）の閉鎖・売却といったリストラ手段が講じられたりする。図表13―1は日産自動車における多角化・多国籍化の状況を示している。自動車製造技術を生かしたマリーン事業や宇宙航空事業への進出、電気自動車時代を見据えた電装品メーカーの子会社化、さらに自動車メーカーとしての地位を確立するための世界進出の一方で生き残りをかけたルノーとの提携等、多角化・多国籍化の推移が見て取れる。

2　連結財務諸表とセグメント情報

（1）合算問題

　現在、連結財務諸表には注記情報として「セグメント情報」が記載されている。ここでセグメントとは、成長性、収益性、リスクの程度などを異にする事業活動について、これを種類別、地域別などに区分した単位を意味する。なお、日産グループのセグメントに関連した事業系統図が第3章図表3―3に掲載されているので確認してほしい。

　1）丸山［2012］8頁。
　2）小栗・古賀・友寄・丸山［2012］31頁。

図表13—1　日産の多角化と多国籍化の状況

多角化	1933年	自動車製造㈱として資本金1,000万円で横浜市に設立
	1934年	日産自動車㈱に改称
	1941年	ニッサントラック・バスの生産開始
	1953年	ロケットの研究開発に着手
	1957年	フォークリフト第1号車オフライン
	1970年	マリーン事業に進出
	2000年	宇宙航空事業部の営業を「㈱アイ・エイチ・アイ・エアロスペース」に譲渡
	2005年	電装品メーター　カルソニックカンセイ㈱の子会社
	2017年	カルソニックカンセイ㈱の株式を売却
多国籍化	1958年	乗用車の対米輸出開始
	1960年	米国日産自動車設立
	1961年	メキシコ市に丸紅飯田㈱（現、メキシコ日産自動車会社）を設立
	1980年	スペインのモトール・イベリカ会社（現、日産モトール・イベリカ会社）に資本参加。米国日産自動車製造会社を設立
	1984年	「英国日産自動車製造会社」設立（現、連結子会社）
	1989年	「欧州日産会社」設立
	1999年	フランス「ルノー」と資本参加を含む自動車事業全般にわたる提携契約締結
	2003年	東風汽車有限公司事業開始
	2010年	インド「インド日産自動車」ならびに「ルノー日産オートモーティブインディア社」にて生産開始

出所：日産ホームページより作成。

　連結財務諸表は、基本的に、企業集団を構成する個々の企業が作成する個別財務諸表を合算して作成されるものであり、企業集団全体の概要を把握するうえでは確かに有益ではあるが、その一方で、全体を構成する部分としての事業別・地域別といったセグメントの状況、いい換えれば、多角化および多国籍化に関する状況がわからなくなってしまうという、いわゆる「合算問題」を生じさせる。この問題を解消するために開示される情報が「セグメント情報

(segment information)」である。したがって連結財務諸表とセグメント情報は相互補完の関係にあるといえる。

　セグメント情報の開示は1990年4月以降の連結決算から行われてきたが、事業部門の区分の仕方や情報の質は経営者にゆだねられており、例えば総合商社の場合、「総合商社といわれる単一事業に従事している」といった具合に、一切区分されていないセグメント情報が存在するなど恣意的な開示がみられた。その後、ダンピング批判に端を発する日米構造協議を経て、海外の地域別損益の開示が追加され、2009年には企業会計基準委員会（ASBJ）から第17号「セグメント情報等の開示に関する会計基準」（以下、「セグメント会計基準」とする）が公表された。2010年4月以降から同基準に準拠して、画一的なセグメント情報の開示が義務付けられることとなった。他方、金融庁の方針により、2014年3月以降は、個別財務諸表簡素化の趣旨のもと、連結財務諸表でのセグメント情報の注記と引き換えに、従来開示されていた個別財務諸表における「製造原価明細書」の開示が免除され、本来トレードオフの関係にない情報が開示されなくなったことは、企業分析にとっては大きな痛手となっている。

（2）セグメント情報

　企業集団の事業をセグメントに分割するにあたって、「セグメント会計基準」では、国際財務報告基準（IFRS）に倣い企業の情報作成コストを軽減し、将来キャッシュ・フローの予測にとって有用であるとして、当該多国籍企業で採用されている経営管理上の意思決定および業績評価単位をそのまま用いるという、いわゆるマネジメント・アプローチが採用されている。

　「セグメント会計基準」によると、セグメント情報を作成するにあたっては、まず「事業セグメント」の識別が行われ、次に「報告セグメント」が決定される。「事業セグメント」は、①収益を稼得し、費用が発生する事業活動に関係し、②経営者が資源配分の意思決定や業績評価のために定期的に経営成績を検討する対象になっており、③他とは分離された情報が入手できる、という要件をすべて満たすものである（同基準6項）。しかし、事業セグメントが細かすぎる場合には、集約することによってより適切な情報を提供することとなること、

ならびに事業セグメントの経済的特徴や製品サービスの内容や提供方法、市場などが類似している場合には集約することが認められている。

「報告セグメント」は、①売上高が全体の10％以上、②利益または損失の絶対値が、利益セグメントの合計または損失セグメントの合計の絶対値のいずれか大きい方の10％以上、③資産が全体の10％以上、のいずれかに該当する事業セグメントが報告セグメントとされる（同基準12項）。また、報告セグメントの外部顧客への売上高の合計額が、損益計算書の売上高の75％未満である場合には、報告セグメントを追加して75％に到達させなければならない（同基準14項）。残りは「その他」として一括される（同基準15項）。つまり、内部管理用のセグメント情報がかなり簡素化・簡略化された形で外部公表用のセグメント情報となっているので、外部利用者からすれば当該情報を用いた分析には詳細さという点で一定の限界があるといえる。

セグメント別に開示される情報は、基本的に、①所属する製品など報告セグメントの概要、②利益または損失、資産、負債、その他の重要項目の金額と測定方法、および③財務諸表計上額との再調整であるが、経営者がセグメント別に負債を把握してこれを使用している場合には負債の額を、報告セグメントの利益や資産の算定にあたって売上高や減価償却費など、所定の内訳項目が含まれている場合には、当該項目も開示対象とされる。その他、製品区分別と地域区分別の売上高や減損損失およびのれんに関する情報も公表されている（図表13−2はセグメント情報の開示例）。

3　日産のセグメント情報

では日産のセグメント情報を概観してみよう。有価証券報告書の中で開示されているセグメント情報は、図表13−3の「事業別セグメント情報」を中心に、注記として事業セグメント別の要約連結貸借対照表、要約連結損益計算書、および要約連結キャッシュ・フロー計算書（これらは省略している）、図表13−4の「所在地別の売上高および利益又は損失に関する情報」、関連情報として

図表13−2　セグメント情報の開示例　　（単位：百万円）

	自動車部品	船舶	ソフトウェア	電子	その他	調整額	連結財務諸表
売上高							
外部顧客への売上高	3,000	5,000	9,500	12,000	1,000	—	30,500
セグメント間の内部売上高又は振替高	—	—	3,000	1,500	—	△4,500	—
計	3,000	5,000	12,500	13,500	1,000	△4,500	30,500
セグメント利益	200	70	900	2,300	100	△2,050	1,520
セグメント資産	2,000	5,000	3,000	12,000	2,000	5,000	24,500
セグメント負債	1,050	3,000	1,800	8,000	—	5,000	18,850
その他の項目							
減価償却費	200	100	50	1,000	50	50	1,450
有形固定資産及び無形固定資産の増加額	300	700	500	800	—	1,000	3,300

出所：企業会計基準委員会『セグメント情報等の開示に関する会計基準の適用指針』による。

　図表13−5の「所在地別売上高」、「所在地別有形固定資産」、並びに図表13−6の「報告セグメントごとの固定資産の減損損失およびのれんの償却額とその未償却残高」に関する情報である。

　図表13−3の事業別セグメント情報によれば、事業の種類として「自動車事業」と「販売金融事業」の2つの事業が示されているだけである。自動車事業とは自動車及び部品の製造と販売に係る事業であり、販売金融事業とは、自動車事業の販売活動を支援するための販売金融およびリース事業をいうとされている。開示されている情報は、各々の事業の種類ごとの売上高、セグメント利益（営業利益）、セグメント資産、減価償却費、のれんの償却額等の金額である。

　日産グループの海外での経営活動に関する情報として「所在地別情報」が注記として開示されている。他に、関連情報として「地域別売上高」および「有形固定資産」残高が開示されている。また、有価証券報告書の「事業の状況」

図表13—3　事業別セグメント情報

当連結会計年度（自　平成28年4月1日　至　平成29年3月31日）　　　　　　（単位：百万円）

	報告セグメント			セグメント間取引消去額	連結財務諸表計上額
	自動車事業	販売金融事業	計		
売上高					
外部顧客への売上高	10,770,598	949,443	11,720,041	—	11,720,041
セグメント間の内部売上高又は振替高	134,639	33,788	168,427	△168,427	
計	10,905,179	983,231	11,888,468	△168,427	11,720,041
セグメント利益	534,179	183,883	718,632	23,596	742,228
セグメント資産	9,396,179	10,570,503	19,966,682	△1,545,674	18,421,008
その他の項目					
減価償却費	387,935	453,122	841,057	—	841,057
のれんの償却額	1,818	—	1,818		1,818
支払利息（売上原価）	—	142,117	142,117	△36,935	105,182
持分法適用会社への投資額	951,682	8,405	960,087		960,087
有形固定資産及び無形固定資産の増加額	440,688	1,355,903	1,796,591	—	1,796,591

出所：日産自動車［2017］『有価証券報告書』3月期、95頁。

の記述の中で、「生産、受注及び販売の状況」が台数ベースで示されているので、これらを合わせると生産の現地化の状況を知ることができる。

　売上高に関して、図表13—4はグループ会社の所在地別の売上高であるが、図表13—5は顧客の所在地別の売上高となっている。地域別顧客売上高および地域別有形固定資産に関する情報は、情報利用者にとって、特定の地域における経済状況や政治状況を踏まえたリスクの集中程度もしくは企業成長の可能性を予測する上で有用であると考えられている。

　日産の場合、固定資産の総額からして、減損損失およびのれんとその未償却残高は全体としてみれば重要ではないが（図表13—6）、存続可能性が危ぶまれ

図表13—4　所在地別セグメント情報

当連結会計年度（自　平成28年4月1日　至　平成29年3月31日）　　　　　（単位：百万円）

	日本	北米	欧州	アジア	その他	計	消去	合計
売上高								
外部顧客に対する売上高	2,173,881	5,924,032	1,605,613	1,007,105	1,009,410	11,720,041	—	11,720,041
所在地間の内部売上高	2,544,563	427,699	315,030	602,477	13,451	3,903,220	△3,903,220	—
計	4,718,444	6,351,731	1,920,643	1,609,582	1,022,861	15,623,261	△3,903,220	11,720,041
営業利益又は営業損失(△)	410,114	287,712	△25,193	61,919	△15,822	718,730	23,498	742,228

注：1　地域は当社並びにグループ会社の所在地を表している。
　　2　地域の区分は、地理的近接度をベースに事業活動の相互関連性を加味している。
　　3　本邦以外の区分に属する主な国又は地域
　　　(1)北米…米国、カナダ、メキシコ
　　　(2)欧州…フランス、イギリス、スペイン、ロシア他欧州諸国
　　　(3)アジア…中国、タイ、インド、その他アジア諸国
　　　(4)その他…大洋州、中近東、メキシコを除く中南米、南アフリカ
出所：日産自動車［2017］『有価証券報告書』3月期、98頁。

図表13—5　関連情報

(1)　売上高　　　　　　　　　　　　　　　　　　　　　　　　　（単位：百万円）

日本	北米		欧州	アジア	その他	合計
		内、米国				
1,827,937	5,807,622	4,812,984	1,670,283	1,260,964	1,153,235	11,720,041

(2)　有形固定資産　　　　　　　　　　　　　　　　　　　　　　（単位：百万円）

日本	北米		欧州	アジア	その他	合計
		内、米国				
1,490,827	3,188,705	2,703,519	276,310	235,888	83,491	5,275,221

出所：日産自動車［2017］『有価証券報告書』3月期、100頁。

ている東芝のように、それらがかなりの割合を示す場合には注視しなければならない。

図表13―6　セグメント別減損損失およびのれんに関する情報

(1) 報告セグメントごとの固定資産の減損損失に関する情報

当連結会計年度（自　平成28年4月1日　　至　平成29年3月31日）　　　　（単位：百万円）

	報告セグメント			セグメント間取引消去額	合計
	自動車事業	販売金融事業	計		
減損損失	5,532	―	5,532	―	5,532

(2) 報告セグメントごとののれんの償却額及び未償却残高に関する情報

当連結会計年度（自　平成28年4月1日　　至　平成29年3月31日）　　　　（単位：百万円）

	報告セグメント			セグメント間取引消去額	合計
	自動車事業	販売金融事業	計		
当期償却額	1,818	―	1,818	―	1,818
当期末残高	7,764	―	7,764	―	7,764

出所：日産自動車［2017］『有価証券報告書』3月期、101頁。

4　日産のセグメント情報を読む

　セグメント情報を期間比較または企業間比較でみるとより分析的な変化を読み取ることができる。

　図表13―7の比率は、販売金融事業／自動車事業×100で求められている。同図表によれば、自動車事業の売上高の増大に合わせて、販売金融事業も売上高を伸ばしており、その比率も次第に高まっている。特に営業利益の約3割は販売金融事業から得られており、販売金融事業資産のほぼ7割が販売金融債権で占められていることから、同社グループにとって新車開発だけでなく与信管理も重要であることがわかる。したがって、貸倒引当金の推移に注意する必要がある。

　日産は自動車事業とそれを支援する販売金融事業を中心に事業が構築されて

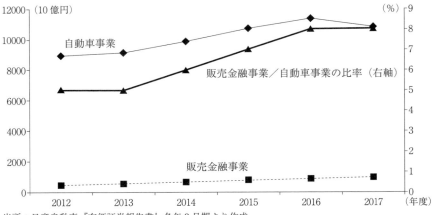

図表13―7　日産の事業セグメント別売上高の推移

出所：日産自動車『有価証券報告書』各年3月期より作成。

図表13―8　日産とトヨタの事業セグメント別情報の営業ROAの分解

	全体	自動車事業	販売金融事業	その他
総資産営業利益率（％）	4.0（6.0）	6.8（10.5）	1.7（0.9）	―（3.7）
売上高営業利益率（％）	6.3（7.2）	4.9（6.7）	18.7（12.2）	―（6.1）
総資産回転率（回）	0.6（0.6）	1.3（1.5）	0.1（0.1）	―（0.6）

注：（　）内はトヨタ。
出所：日産自動車『有価証券報告書』各年3月期より作成。

いるが、トヨタ自動車ほど多角化しているわけではない。図表13―8は図表13―3からセグメント別の営業ROAを算出して、それを分解したものであり、事業セグメント別の収益性をトヨタとの比較で示している。自動車事業の収益性は、総資産営業利益率、売上高営業利益率および総資産回転率のいずれをとってもトヨタには及ばない。販売金融事業は日産の方がトヨタの収益性を上回ってはいる。その要因は回転率でなく、日産の18.7％という高い売上高営業利益率にあることがわかる。ただし、与信金利が高いことは相手先の支払い能力や返済期間が関係するので収益性の高さだけでその良し悪しを判断することはできない。なお、同業のトヨタ自動車が自動車以外に、金融、住宅事業や環境・エネルギー事業などに進出している関係で、セグメントが「自動車事業」「金融」「その他」の3区分となっており、また、ホンダも二輪、金融サービス、

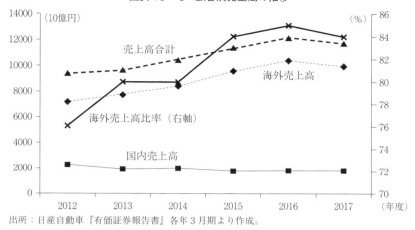

図表 13－9　顧客別売上高の推移

出所：日産自動車『有価証券報告書』各年3月期より作成。

図表 13－10　所在地別セグメント情報の収益　　（単位：百万円）

	日本	北米	欧州	アジア	その他
売上高	2,173,881	5,924,032	1,605,613	1,007,410	1,009,410
営業利益・損失	410,114	287,712	△25,193	61,919	△15,822
有形固定資産	1,490,827	3,188,705	276,310	235,888	83,491
売上高営業利益率(%)	18.8	4.9	△1.5	6.1	△1.5
有形固定資産回転率(回)	1.5	1.9	5.8	4.3	12.1

出所：日産自動車［2017］『有価証券報告書』3月期。

汎用パワープロダクツ事業等を営んでいる関係で「二輪」「四輪」「金融サービス」「その他」の4区分に分割され、多角化戦略の特徴がある程度出ている。ここで日産のセグメントとして示されている「販売金融事業」とは、自動車事業の販売活動を支援するためのいわゆるオートローン事業やリース事業のことであるとされているが、同じ金融という名称が付されていても日産、トヨタ、ホンダの金融事業の中身は同じではない場合があることに注意しなければならない。

　図表13－9に見られるように、日産グループの連結売上高合計は、全体では増加傾向にあるものの、国内での売上高はむしろ減少しており、海外での売

上増に負うところが大きいということがわかる。そのため海外売上高比率は年々上昇している。2017年3月期の日産グループの連結売上高11兆7,200億円に占める海外顧客売上高9兆8,921億円の比率は84％である。トヨタ自動車の約75％（2017年3月期）に比べても高い比率を示している。

　図表13―10からは、所在地別の収益性の状況が理解できる。日本国内での収益性が最も高いが、海外、とりわけ売上高および営業利益のほぼ半分、有形固定資産に至ってはほぼ6割を占める北米への依存が大きいわりに、売上高営業利益率の低さが目立っている。生産の現地化がかなり進んでいることからすれば、販売価格、車種構成、販売活動についての見直し等を行い収益性を改善することが、日産の将来を左右することになるであろう。また、欧州とその他での不振が際立つ。ルノー社との提携関係をはじめ、安易な労働条件の切り下げなどとは異なる本来の意味でのリストラクチャリング、すなわち事業の再構築が不可避である。逆に、中国を中心とするアジア地域は、有形固定資産回転率が高いことから、効率的な生産販売が行われていることを示しており、売上の増大が利益の獲得に直結する地域であるといえる。

　なお、主力の自動車事業の半分が北米、とりわけ米国にウエイトが置かれている実態が明らかとなった。米国で販売される自動車のほぼ半数はメキシコ工場で生産されることを考えると、トランプ政権が、米国内の雇用確保のためにメキシコからの輸入の制限をほのめかしていることもあり、今後の成り行きが注目される。[3]

　分析の最後に、セグメント別従業員比率の推移を見てみよう。連結財務諸表の注記事項として開示されるわけではないが、有価証券報告書には企業の概況の説明の中に「従業員の状況」についてのデータが必ず示されている。図表13―11は当該データに基づいて作成されたものである。

　グラフからいえることは、日本の従業員比率が一貫して減少している一方で、2007年度から2012年度にかけてそれに対応する形でその他の地域（アジア、中南米、アフリカ）が増えていることである。日産リバイバルプラン、リーマン・ショック等を要因として、コスト削減のために、日産は、より安価な労働

　3）日本経済新聞［2017年1月7日］。

図表13―11　セグメント別従業員比率の分析

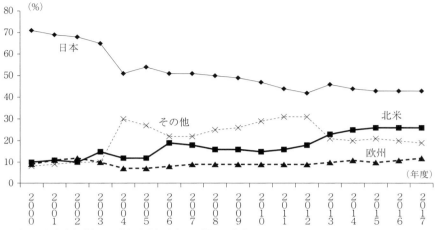

出所：日産自動車『有価証券報告書』各年3月期より作成。

力を求めて新興諸国などに生産拠点を移してきたのである。日本国内での従業員数は2000年度から2017年度までに約4万人も削減されており、従業員比率は70％から40％近くまで低下している。日本で最も多く従業員を雇用しているが、注目されるのは、2013年度に2位であったその他と3位であった北米が逆転している点である。現在では北米に4分の1程度の従業員が雇用されていることになる。欧州はほぼ一貫して10％程度の推移にとどまっている。

なお、有価証券報告書の「研究開発活動」でセグメント別のR&Dが開示されている企業もある。ので、第1章「3　有価証券報告書と企業分析」で述べられているように、売上高研究開発費比率などをセグメント別に分析できるか確認する必要がある。

（参考文献）
丸山惠也［2012］「世界経済危機と多国籍企業」『経済』No.201、8頁。
小栗崇資、古賀義弘、友寄英隆、丸山惠也［2012］「座談会　現代の多国籍企業」
　　『経済』No.201、26-46頁。
谷江武士［2014］『事例でわかるグループ企業の経営分析』中央経済社。
佐藤信彦他［2017］『スタンダードテキスト財務会計論』（第10版）中央経済社。

コラム6　多国籍企業の税負担削減行動とCSR

　GAFAといわれるグーグル、アップル、フェイスブック、アマゾンといった巨大IT企業をはじめ、スターバックス、マクドナルド、ネッスルなどの飲食企業、GM、トヨタ、ダイムラーの自動車企業、ファイザー、ロシュといった医薬品企業等々、世界的に有名な企業のほとんどが多国籍化している。

　多国籍企業はそのネットワークを利用して、租税負担の削減に余念がない。たとえば、親子会社間で財やサービスを授受するにあたって取引価格を操作して、利益をタックスヘイブンに設立した子会社に移転したり、あるいは法域間で異なる税制を巧みに利用した契約の下に取引を行うなど、その手法は近年ますます巧妙になっている。監査法人である4大会計事務所も多国籍企業の税負担削減のために積極的にサービスを提供してきた。

　多国籍企業の税負担削減行動の背景として、たとえば米国の税制では、多国籍企業が海外で獲得した所得に対しては、原則として、本国に送金されない限り、課税されず、会計基準上もその留保所得を海外で再投資すると宣言（「無期限再投資宣言」）した場合には、繰延税金負債を計上しなくてもよいとされ、国内で利益を計上するよりも、海外で利益を計上・留保した方が財務数値が良くなるという制度になっている。そのことが米国系多国籍企業に海外で所得を計上しそこで留保するという強い動機をもたらしている。

　多国籍企業による租税回避や世界的な法人税率引き下げ競争は、発展途上国や新興市場国においても税収の急速な減少をもたらしている。次の文章は有害な競争がもたらす社会の歪みを物語っている。「世界の租税条約の体制は、OECDの影響のもと、多国籍企業に課税する権利を貧しい国々から豊かな国々に徐々に移行させてきた。そのため、ウガンダがたとえばアメリカの大手コーヒー会社に免税期間を与えたら、この会社はより大きな利益をあげ、その利益をオフショアに隠すか、でなければアメリカに持ち帰ってそこで課税される。これもまた、豊かな国が租税競争にもかかわらず法人税収を

維持してきた理由の1つになっている。豊かな国は低所得の国々を犠牲にして、国際貿易に対する租税のより大きな分け前を確保してきたのである。*」

先進諸国を中心とするOECD（経済協力開発機構）は、以前からも多国籍企業の課税問題を検討しいくつかの対策を示して加盟国に対応を求めてきたが、その成果は十分とはいえない。ロンドンでのデモに見られるようにヨーロッパでは批判が高まっており、EUは業(ごう)を煮やして、売上高を基準に追徴課税するという行動を起こし始めている。

多国籍企業にはそれぞれの関係国や地域での公共サービスの利用に見合う、相応の税を負担することこそ究極の企業の社会的責任であると認識してもらわなければならない。

＊Nicholas, Shaxon [2012] *Treasure Islands -Tax Havens and the Men Who Stole the World-*, VINTAGE, pp. 200-201・ニコラス・シャクソン著、藤井清美訳 [2012]『タックスヘイブンの闇』朝日新聞出版、290頁。

第14章　電通の財務諸表を分析する

　今日、日本の労働市場では、違法な長時間労働、残業代未払い、パワハラ、セクハラなど多くの問題が指摘されている。電通では、2015年12月に若い女性労働者の過労自殺が起こった。電通だけでなく、巨大企業の中でも過労自殺が生じている。

　電通は、かつて1991年に入社2年目の労働者（男性、24歳）が長時間労働等により自殺し、また2014〜15年にも違法な長時間労働をさせたとして本支社が労働基準監督署から是正勧告を受けている。このことから、労務管理を担当する幹部も長時間労働が常態化していた実情を把握していた可能性があるとみている。

　ここでは、「過労自殺」にまで若い労働者を追い込む「ブラック企業」の実態を、主として財務諸表の分析を通して明らかにしていこう。

　電通（東京）では、労働者を長時間労働させており、電通社員の行動原則として「電通鬼十則」を定め、「取り組んだら放すな、殺されても放すな、目的完遂までは」などの10個の社訓を、入社直後から社員に教育を行っていたといわれる。電通に限らず日本の労働者や公務員も長時間労働をさせられることが日常化している。このため政府は、違法残業時間を「月100時間超」から「月80時間超」に引き下げ、労働基準監督署の指導をうけても改善が見られなければ公表するとした。

　こうした長時間労働の実態が社会問題として取り上げられる中、大企業の内部留保は366兆円（16年3月末）にも達しており、過去最高となっている。実質賃金は、安倍内閣発足時から19万円も減少している。これは、内部留保の蓄積が巨大となり従業員の賃金に回らず、消費購買力が少なくなっていることを意味している。従業員の賃金に回らないということは、正規の従業員が36

万人も削減される半面、非正規従業員が増大していることにも表れている。貧困層が拡大し、ワーキングプアが増大している。長時間労働の問題は、業種、企業規模、地域、年齢を問わずに生じているところに根の深さがあるといえよう。

1　ブラック企業の定義と電通社員の過労自殺

　電通は、国内最大手の広告代理店である。1901（明治34）年7月に資本金10万円でもって日本広告株式会社を創業し、116年の歴史がある。2015年12月に、単独ベースの資本金は746億900万円、従業員数は単体で7,261人である。連結従業員数は4万7,324人（2015年12月末現在）である。このうち国内事業に1万6,865人、海外事業に3万459人が従事している。1901年に設立された電報通信社（のち日本電報通信社）と日本広告株式会社が07年に合併し、36年に通信統制により通信部門を同盟通信に移譲し、広告事業会社となった。1955年に社名を電通に変更した。2001年に東証1部に上場し、資本金を589億6,710万円に増資した。13年8月に資本金746億981万円に増資し、16年には監査役会設置会社から監査等委員会設置会社に移行した。

　電通の新入社員が過労自殺するなどブラック企業が社会問題となっているが、ブラック企業の定説はまだない。「ブラック企業」とは、どのような企業であるか定義する必要がある。どこまでがブラック企業であるかを定義しなければ議論がかみ合わなくなる可能性が出てくるからである。

　ブラック企業とは「新規学卒者の『就職難』を背景に大量採用、大量離職、長時間労働・過密労働、セクハラ・パワハラなどを行い、『代わりは誰でもいる』として労働者を使い捨てる特徴を持っている企業のことである[1]」といわれる。さらに「ブラック企業」を狭義と広義の定義に分けて定義している。狭義の「ブラック企業」の定義では、「労働者を大量採用して長時間労働、過重労

　1）労働運動総合研究所［2014］3頁。

働、残業代不払い、『セクハラ・パワハラ』を繰り返し、使い捨てる（大量離職させる、精神疾患にさせる）新興産業」とする。

　また広義の「ブラック企業」の定義では、「雇用契約による雇用形態や労働条件を守らない企業、長時間労働や不払残業など労働基準法を遵守しない企業、不当解雇を行う企業、正当な賃金支払いをごまかし、賃上げを制度に組み込む企業、労働者の人間性を否定する企業、社会保険の強制適用事業所なのに、それを意図的に適用しない企業、『セクハラ・パワハラ』を繰り返す企業、労働者をうつ病、労働災害、過労死に追い込む企業、労働者の生活と権利を守る労働組合を嫌い、否定する企業。これらを『ブラック企業』の指標とすれば、この指標にある企業は、業種、職種、企業規模、雇用形態にかかわらず『ブラック企業』」であるといわれる。

　したがって広義の「ブラック企業」の定義は、憲法で保障された労働者の労働基本権（憲法第27条、第28条）を無視ないし軽視する企業、法体系では労働法全般、特に労働基準法、労働組合法を無視し、労働時間の上限規制、残業代支払の義務などについて法令遵守を行わない企業などをいう。

　このように「ブラック企業」は、狭義には長時間労働、過重労働、残業代不払い、「セクハラ・パワハラ」を繰り返し、労働者を使い捨てる（大量離職、精神疾患にさせる）新興企業をさし、広義の「ブラック企業」には憲法で保障された労働者の労働基本権の無視、労働法全般の法令遵守を行わない企業と定義づけることができる。そこには「過労死防止基本法」も含まれる。電通の場合、大企業であるが長時間労働が常態化していたことなどから、2016年の「ブラック企業大賞」に選ばれたのである。

　そしてこのブラック企業は「働き方・働かせ方のブラック化」という大きな氷山の一角で海面に突出して人々の目にとまるようになった部分である。

2）労働運動総合研究所［2014］5頁。
3）労働運動総合研究所［2014］5-6頁。
4）労働運動総合研究所［2014］6頁。
5）伍賀［2014］3頁。

第14章　電通の財務諸表を分析する　237

2　電通における労働状態と生産性指標

　電通の労働（従業員）状態と生産性指標は、主として従業員数と人件費を中心に見ることができる。そこでまず電通のこれらの指標を中心にして見ていこう。
　電通の従業員1人当り売上高（図表14—1）は、2012年3月期（第163期）から15年12月期（第167期）にかけて一度も減少することなく継続的に伸びている（本社）。12年3月期の従業員1人当り売上高は、連結ベース（海外子会社を含む）で8,744万円であるのに対して、単独ベース（本社）では1億8,744万円に達しており、約2倍以上の生産性をあげていることがわかる。しかも2012年3月期から15年12月期にかけて単独ベースの従業員1人当り売上高が1億8,744万円から2億1,231万円へと2,487万円もの増加となっており、本社のある電通の労働強化が急速に進んだことを示している。
　また、連結企業グループの従業員数は2010年3月期の1万8,255人から15年12月期の4万7,324人へと2万9,069人も増加している。有価証券報告書のセグメント情報によると、海外事業の従業員数と国内事業の従業員数の割合は65対35で海外の従業員が多い。
　つぎに、図表14—2の人件費と付加価値（単独ベース）の指標を見よう。
　付加価値とは、労働者が生産活動などを通じて新たに付け加えた価値をいう。付加価値の算出方法には多くの方法があるが、ここでは代表的な日本銀行方式を用いて付加価値をもとめていこう。
　日本銀行方式は、以下のように付加価値を計算する。

　人件費＋賃借料＋減価償却費＋金融費用(支払利息など)＋租税公課＋経常利益

　この方式は金融機関への分配を考慮したものである。この付加価値額を求めた上で労働分配率を計算している。
　この比率は、付加価値額に占める人件費の割合でもとめる。

図表14―1　電通の従業員1人当りの売上高の推移　　（単位：百万円）

決算期	2010.3	2011.3	2012.3	2013.3	2014.3	2015.3	2015.12
従業員数（人）	18,255 6,724	19,535 6,903	21,649 7,494	37,450 7,515	39,427 7,425	43,583 7,348	47,324 7,261
売上高	1,678,618 1,315,072	1,833,449 1,396,798	1,893,055 1,404,663	1,941,223 1,412,376	2,309,359 1,515,062	2,419,278 1,535,105	― 1,541,581
従業員1人当り売上高	91.95 195.58	93.85 202.35	87.44 187.44	51.84 187.94	58.57 204.05	55.51 208.91	― 212.31

注：1　各欄の上段は連結ベース、下段は単独ベースの人員である。
　　2　従業員1人当りの売上高の計算式は、売上高／従業員数による。
　　3　2015年12月期の単独売上高は、期間比較上12カ月の売上高に換算した。
出所：電通『有価証券報告書』2010年3月期から2015年12月期までの各年版より作成。

図表14―2　電通の人件費と付加価値額（単独ベース）　　（単位：百万円）

決算期	2011.3	2012.3	2013.3	2014.3	2015.3	2015.12
給料・手当	85,745	88,714	90,260	97,033	97,825	71,195
役員賞与引当金繰入額	158	181	161	296	318	197
退職給付費用	9,169	9,525	9,726	9,232	8,758	5,526
福利厚生費	10,553	11,407	―	―	―	―
ⓐ人件費合計	105,625	109,827	100,147	106,561	106,901	76,918
ⓑ支払利息	2,195	1,911	1,473	3,399	2,035	1,491
ⓒ賃借料	2,547	2,468	―	―	―	―
ⓓ減価償却費	9,206	7,934	5,976	5,446	6,475	4,718
ⓔ経常利益	40,312	40,654	39,091	69,667	76,458	63,826
付加価値 ⓐ+ⓑ+ⓒ+ⓓ+ⓔ	159,885	162,794	146,687	185,073	191,869	146,953
労働分配率（％）	66.06	67.46	68.27	57.58	55.72	52.34

注：1　付加価値計算は、日本銀行方式による。
　　2　2015年12月期は、決算期を変更したために9カ月の期間となっている。
出所：電通『有価証券報告書』2011年3月期から2015年12月期までの各年版より作成。

$$\frac{人件費}{付加価値額} \times 100$$

　電通の場合を見ると人件費（図表14―2）は、2011年3月期から15年12月期にかけて横ばい傾向にある。経常利益は11年3月期と比べると、15年3月期に大幅に増加している。

図表14―3　従業員1人当り人件費（電通）（単独ベース）

	2011.3	2012.3	2013.3	2014.3	2015.3	2015.12
従業員1人当り人件費（百万円）	15.30	14.66	13.33	14.35	14.55	10.59
従業員数（人）	6,903	7,494	7,515	7,425	7,348	7,261
人件費（百万円）	105,625	109,827	100,147	106,561	106,901	76,918

注：2015年12月期の人件費は9カ月分であるので、12カ月分に換算すると1,025億7,000万円となる。
出所：電通『有価証券報告書』2011年3月期から2015年12月期までの各年版より作成。

　この経常利益の増加にもかかわらず、人件費が横ばい傾向であったために、労働分配率は2013年3月期の68.27％から15年12月期にかけて52.34％へと13ポイントも下落している。電通は経常利益の増大にもかかわらず労働者の人件費を抑制している。
　従業員1人当り人件費（電通）をあげるには、1人当り付加価値を上げるか労働分配率を上げるかのどちらかである。従業員1人当り人件費の計算式はつぎのようである。

　従業員1人当り人件費＝従業員1人当り付加価値×労働分配率

　付加価値は、従業員、金融機関、国や地方自治体、企業や株主に分配されることを前提とした指標である。電通の1人当り人件費（図表14―3）は、2011年3月期の1,530万円から13年3月期の1,333万円へ減少したが、14年3月期より再び増加している。
　従業員1人当り付加価値額（図表14―4）は、付加価値生産性ともいわれる。この比率が高いほど生産性が高いといわれる。そして付加価値に占める人件費の割合が労働分配率（図表14―5）である。
　従業員1人当り付加価値額は、2013年から15年にかけて上昇している。労働生産性を高めるために従業員が、13年の7,515人から15年12月の7,261人へと254人も削減されている。他方、労働分配率（図表14―5）も13年の68.27％から16年の52.34％へと15.93ポイントも下げていることがわかる。労働生産性を高めるために従業員を削減し、労働分配率を引き下げたことがわかる。

図表14—4　従業員1人当り付加価値額（付加価値生産性）（電通）

	2011.3	2012.3	2013.3	2014.3	2015.3	2015.12
従業員1人当り付加価値（百万円）	23.16	21.72	19.52	24.93	26.11	20.24
付加価値（百万円）	159,885	162,794	146,687	185,073	191,869	146,953
従業員数（人）	6,903	7,494	7,515	7,425	7,348	7,261

出所：電通『有価証券報告書』2011年3月期から2015年12月期までの各年版より作成。

図表14—5　労働分配率（電通）

決算期	2011.3	2012.3	2013.3	2014.3	2015.3	2015.12
労働分配率	66.06	67.46	68.27	57.58	55.72	52.34

出所：電通『有価証券報告書』2011年3月期から2015年12月期までの各年版より作成。

3　電通と博報堂DYHDとの経営比較

　労働基準法違反で電通本社と3支社（大阪、名古屋、京都）に一斉強制捜査が行われた。それは、時間外労働の上限を超えて従業員を働かせていた疑いが強まったからである。

　過労自殺した女性新入社員（24歳）が2016年9月末に労災認定されたことを受け、労働局は同年10月に、電通の本支社や主要子会社に立入調査をした。その結果、電通では従業員の労働時間と実際の出退勤記録が整合しないことが判明した。労基署に届け出た時間外労働の上限を超えて、従業員を違法に働かせていた疑いが強まったとして、労基監督官が強制捜査をして、労務管理のデータや賃金台帳などを押収した。[6]

　電通は、前述のように1991年に入社2年目の男性（24歳）が長時間労働を原因として自殺した。この90年代の時期は、バブル崩壊と景気低迷の下で売上高の伸び率は、1990年から99年にかけて19.25％であるが、販売費および

一般管理費が 34.87％ の伸び率で高くなり、このため営業利益は大幅に落ち込んでいる。1970 年代、80 年代には、広告産業は、順調に業績を伸ばせてきたが、90 年代になると売上高の推移は 91 年から 94 年にかけて広告業界の上位 10 社は、旭通信以外に 1 割から 1.5 割ほど下落している[7]。

　2014～15 年には、従業員に違法な長時間労働をさせたとして、本支社は労働基準監督署により是正勧告をうけていた。このことから労務管理を担当する幹部も長時間労働が常態化していた職場の実情を把握していた可能性があるとみている。この時期は、図表 14—6 を見ると、連結ベースで売上高は、電通が 2012 年から 15 年にかけて、1.9 兆円から 2.4 兆円へと増加している。博報堂 DYHD（ホールディングス）は 2012 年から 16 年にかけて 1 兆円弱から 1.2 兆円へと増加している。また図表 14—7 の 1 人当り売上高は、電通で下落している。電通は、2012 年 3 月期の 8,744 万円から 15 年 3 月期の 5,551 万円へと減少している。また博報堂も、12 年 3 月期の 9,201 万円から 15 年 3 月期には 8,686 万円に減少している。電通の方が博報堂 DYHD よりも 1 人当り売上高が減少しているので落ち込みが激しい。

　つぎに図表 14—8 および図表 14—9 の売上高・従業員数の伸び率について電通と博報堂 DYHD を比較してみよう。連結ベースで見ると、電通は 12 年から 15 年にかけて売上高は、27.80％ の伸び率であり、従業員数は 101.32％ の伸び率になっている。また博報堂 DYHD は同時期の売上高の伸び率は 15.61％ であり、従業員の伸び率は 22.46％ である。この連結ベースでの売上高、従業員数の伸び率は電通の方が高い。海外事業の割合が高いことが電通の伸び率が高いことに関連している。

　他方、単独ベースで 12 年から 16 年にかけて売上高、従業員数の伸び率を見ると、博報堂 DYHD の売上高は 166.67％ であるのに対して、電通の売上高の伸び率は 9.75％ である（図表 14—8、図表 14—9）。

　このことから 2012 年 3 月期から 16 年 3 月期にかけて、博報堂の方が売上高の伸び率が高いことがわかる。

　6）朝日新聞［2016 年 11 月 8 日］。
　7）八巻俊雄［1995］886 頁。

図表 14—6　売上高の推移（連結ベース）　　　　（単位：百万円）

	2012.3	2013.3	2014.3	2015.3	2016.3
電通	1,893,055	1,941,223	2,309,359	2,419,278	—
博報堂 DY	978,321	1,045,431	1,095,909	1,131,064	1,215,250

出所：各社『有価証券報告書』各年3月期より作成。

図表 14—7　従業員1人当り売上高（連結ベース）　（単位：百万円）

	2012.3	2013.3	2014.3	2015.3	2016.3
電通	87.44	51.84	58.57	55.51	—
博報堂 DY	92.01	91.83	92.14	86.86	85.66

出所：図表 14—6 に同じ。

図表 14—8　電通の売上高・従業員数の伸び率

決算期	2012.3	2013.3	2014.3	2015.3	2015.12	伸び率 2015/2012
売上高（百万円）	1,893,055 1,404,663	1,941,223 1,412,376	2,309,359 1,515,062	2,419,278 1,535,105	— 1,541,581	27.80% 9.75%
従業員数（人）	21,649 7,491	37,450 7,515	39,427 7,425	43,583 7,348	47,324 7,261	101.32% -3.07%

注：上段は連結ベースの数字、下段は、単独ベースの数字である。「日本基準」に基づいている。
　　連結ベースの伸び率は2015年との比。2015年12月の数は1年に換算した数値。
出所：図表 14—6 に同じ。

図表 14—9　博報堂 DYHD の売上高・従業員数の伸び率

決算期	2012.3	2013.3	2014.3	2015.3	2016.3	伸び率 2015/2012
売上高（百万円）	978,321 9,554	1,045,431 10,382	1,095,909 14,771	1,131,064 23,415	1,215,250 25,478	24.22% 166.67%
従業員数（人）	10,633 159	11,385 172	11,894 168	13,021 189	14,187 189	33.42% 18.87%

注：上段は連結ベースの数字、下段は、単独ベースの数字である。
出所：図表 14—6 に同じ。

　また従業員数の伸び率を見ると、博報堂 DYHD は 18.87％であるのに対して電通はマイナス 3.07％であり、電通は従業員を削減していることがわかる。このことから電通は、従業員を減らして売上高を伸ばしているので、それだけ

従業員の労働強度が博報堂DYHDよりも高いことが明らかである。労働強度を軽くするには、従業員を増やしたり、労働時間を短くすることが必要である。

　電通は、若い従業員が長時間労働等により過労自殺をしたことから「ブラック企業」といわれた。ブラック企業とは企業の規模、業種、地域などを問わず存在しており、氷山の一角としてあらわれているといわれる。それだけ根の深い社会的問題である。

　電通の場合、長期的に見れば売上高の傾向的下落による収益の落ち込みが背景としてある。これは電通だけのことではなく、広告業界全体でも長期的には売上高が減少し、またその時々の日本の経済に大きく影響を受けている。

　電通は長時間労働、過重労働などや法令遵守を行わない企業で、社会的責任は重いといえる。従業員1人当り売上高は、単独ベースの場合には2012年から15年にかけて増加しており、労働強化が進んだと見ることができる。この間、人件費と付加価値に基づき計算した労働分配率は低下している。その原因は付加価値の増大（経常利益の増加）と人件費の横ばい傾向によって、労働分配率は2011年の66.06％から15年12月の52.34％へと14ポイントも下落している（図表14−5）。

　従業員1人当り付加価値額は2012年の2,172万円から15年3月の2,611万円へと増大している。これに対して従業員数は、12年の7,494人から15年12月の7,261人へと233人も削減されて労働密度が高まっている（図表14−4）。さらに博報堂DYHDと電通を比べると、電通は、博報堂DYHDよりも人員削減が多いことがわかる。業界1位の電通と2位の博報堂DYHDの競争もある。人員削減や労働密度の強化そして人間性無視などによる労働コストの削減等が過労自殺の原因の1つであると考えられる。

　（参考文献）
　労働運動総合研究所［2014］「特集・『ブラック企業』調査報告」『労働総研クォーターリー 2014—秋季号』（96号）本の泉社、2-49頁。
　伍賀一道［2014］「働き方、働かせ方のブラック化―現状と背景」『労働総研クォ

ーターリー 2014 春季号』(94号) 本の泉社、2-10頁。
八巻俊雄［1995］「広告産業」産業学会編『戦後日本産業史』東洋経済新報社。

コラム7　東芝の不正会計

　東芝の経営陣はなぜ「不正会計」という粉飾決算に踏み切ったのだろうか。「名門」と呼ばれた東芝の社長職を担ってきた田中久雄社長、佐々木則夫会長、西田厚聰相談役が不正会計の実行犯であること、また決算書を監査すべき立場の新日本監査法人が共犯者だったことはマスコミ報道をみても明らかである。

　たしかに巨大企業であろうと、利益をできる限り稼ぎ、株価下落は回避しなければならない。そのためにも大きい売上高と利益額を獲得することが最重要課題となるが、2007年度に7兆6,681億円だった東芝の売上高は、東京電力福島第一原子力発電所の事故後の2014年度には5兆6,991億円まで減少した。競合企業である日立製作所の9兆7,749億円（2014年度：国際財務報告基準）の6割にも満たない。

　そんななかで行われた不正会計は、2006年に原子力発電大手のウエスティングハウス（WH）社を高額で買収したことの影響が大きい。純資産1,715億円のWH社を4,000億円も上回る金額で買収したが、その際の純資産超過額は会計上「のれん」（無形資産）として計上し、すみやかに償却ないし減損処理しなければならない。ところが東芝の経営陣は、原発事故後における売上停滞のもとで、WH社の多額買収の失態を隠そうと損失処理を怠った。しかもその失態の事実は、証券取引等監視委員会への内部告発によって明るみにされ、その後の情報開示も小出しにされてきた。これでは経団連を支えてきた東芝経営陣の法令順守体質に疑惑がもたれてもしかたがない。

　それにしても、原発事故が発生したあとも、海外から原発受注を400基以上、またWH社から33基もの受注を「保守的」に見込む経営判断の甘さはどこに由来するだろうか。東芝の不正会計が、株価至上主義にとらわれた経営陣、さらには監査法人による恣意的行為だとしても、核燃料への安全神話のもとで原子力事業に対して巨額融資を引き受けてきたメインバンクかつ大株主の三井住友銀行ならびにみずほ銀行における社会的責任、さらには原子

力事業を国策として推進し、住民被曝、風評被害などの賠償額が測定できないほどの大惨事を生んだ原発事故を反省することなく、いまだに原発再稼働や海外への原発輸出を推し進める日本政府の非人道的行為の解明につながる分析が求められてこよう。

巻末資料：日産自動車の単体財務諸表

① 【貸借対照表】

(単位：百万円)

	前事業年度 (2016(平成28)年3月31日)	当事業年度 (2017(平成29)年3月31日)
資産の部		
流動資産		
現金及び預金	238,148	356,970
売掛金	514,322	633,737
製品	67,798	68,813
仕掛品	27,426	22,393
原材料及び貯蔵品	80,325	81,367
前払費用	23,999	47,579
繰延税金資産	101,485	106,742
関係会社短期貸付金	1,151,536	460,935
未収入金	153,018	320,380
その他	44,238	34,161
貸倒引当金	△18,687	△15,705
流動資産合計	2,383,614	2,117,376
固定資産		
有形固定資産		
建物	209,423	207,452
構築物	29,830	28,730
機械及び装置	131,522	129,248
車両運搬具	12,457	12,946
工具、器具及び備品	68,479	92,464
土地	127,232	127,231
建設仮勘定	18,666	22,916
有形固定資産合計	597,613	620,989
無形固定資産	63,861	68,675
投資その他の資産		
投資有価証券	148,459	143,006
関係会社株式	1,558,474	1,743,041
関係会社長期貸付金	187,483	425,399
その他	22,257	20,194
貸倒引当金	△152	△297
投資その他の資産合計	1,916,522	2,331,344
固定資産合計	2,577,998	3,021,009
資産合計	4,961,612	5,138,385

(単位：百万円)

	前事業年度 (2016(平成28)年3月31日)	当事業年度 (2017(平成29)年3月31日)
負債の部		
流動負債		
支払手形	15	56
電子記録債務	197,240	214,036
買掛金	430,989	495,399
短期借入金	385,041	421,569
1年内返済予定の長期借入金	187,315	67,614
コマーシャル・ペーパー	125,000	─
1年内償還予定の社債	70,000	130,000
リース債務	12,000	27,696
未払金	34,337	41,071
未払費用	302,573	307,963
未払法人税等	1,703	63,173
預り金	63,357	58,967
製品保証引当金	22,613	21,191
その他	32,815	54,699
流動負債合計	1,865,002	1,903,437
固定負債		
社債	280,000	275,000
長期借入金	107,908	143,657
リース債務	18,717	24,998
繰延税金負債	41,688	52,364
製品保証引当金	45,008	43,499
退職給付引当金	63,133	63,434
その他	49,169	31,611
固定負債合計	605,625	634,564
負債合計	2,470,627	2,538,002

(単位：百万円)

	前事業年度 (2016(平成28)年3月31日)	当事業年度 (2017(平成29)年3月31日)
純資産の部		
株主資本		
資本金	605,813	605,813
資本剰余金		
資本準備金	804,470	804,470
資本剰余金合計	804,470	804,470
利益剰余金		
利益準備金	53,838	53,838
その他利益剰余金		
買換資産圧縮積立金	54,078	53,746
特別償却積立金	24	13
繰越利益剰余金	955,404	1,067,328
利益剰余金合計	1,063,347	1,174,928
自己株式	△31,424	△30,148
株主資本合計	2,442,206	2,555,063
評価・換算差額等		
その他有価証券評価差額金	49,368	45,228
繰延ヘッジ損益	△1,092	△300
評価・換算差額等合計	48,275	44,928
新株予約権	502	391
純資産合計	2,490,984	2,600,382
負債純資産合計	4,961,612	5,138,385

② 【損益計算書】

(単位:百万円)

	前事業年度 (自 2015(平成27)年4月1日 至 2016(平成28)年3月31日)	当事業年度 (自 2016(平成28)年4月1日 至 2017(平成29)年3月31日)
売上高	3,493,419	3,729,335
売上原価	2,985,914	3,151,301
売上総利益	507,505	578,034
販売費及び一般管理費	323,982	292,992
営業利益	183,522	285,041
営業外収益		
受取利息	8,658	6,447
受取配当金	204,068	249,725
デリバティブ収益	975	―
その他	25,778	27,324
営業外収益合計	239,481	283,497
営業外費用		
支払利息	8,342	6,950
デリバティブ損失	―	225
為替差損	18,649	3,972
貸倒引当金繰入額	2,660	2,743
その他	4,551	2,653
営業外費用合計	34,204	16,543
経常利益	388,799	551,995
特別利益		
固定資産売却益	66	89
関係会社株式売却益	23,025	143,401
その他	2,093	112
特別利益合計	25,185	143,603
特別損失		
固定資産売却損	131	264
固定資産廃棄損	6,409	5,180
減損損失	11,913	407
関係会社株式売却損	―	8,908
関係会社株式評価損	98,326	―
品質関連費用	37,780	―
その他	―	200
特別損失合計	154,560	14,962
税引前当期純利益	259,424	680,637
法人税、住民税及び事業税	4,471	87,651
法人税等調整額	3,943	7,033
法人税等合計	8,414	94,685
当期純利益	251,009	585,951

索　　引

安全余裕率　155、164、166
売上総利益　81、82、83、88、91、94、139、148、149
売上高研究開発費比率　21、231
大株主　23、43、48、135、246
会計制度　25、28、40、42、72
会社法　22、27、28、35、41、68、69、99、180、194
間接法　101、102
金融商品取引法　17、29、40、41、42
繰延資産　59、60、66
黒字倒産　100
減価償却　33、34、64、65、71、72、81、83、88、89、96、101、102、105、106、127、149、151、154、156、157、207、208、209、223、224、238、239
研究開発　19、21、56、58、65、91、92、219、221
現金同等物　37、77、99、100、104、105、107、109、111、112
現金比率　177、178
国際会計基準　3、22、29、34、36、40、41、42、45、46、48、53、62、71、77、79、80、85、86、91、92、94、96、129、135
固定資産　14、33、59、60、61、64、65、71、74、75、81、84、88、102、103、106、107、109、116、128、132、133、149、150、151、183、184、185、224、225、226、227、229、230
固定長期適合率　184、185、186
固定費　96、155、156、157、158、159、160、161、162、163、164、165
固定比率　183、184、185
固定負債　60、61、67、74、75、76、128、182、185、200、201
個別資本　3、12、13、14、15、37、194
時価評価　34、36、39、40、42、62、69、73、80、86
事業別セグメント情報　223、224、225
自己資本当期純利益率　140、143
自己資本配当率　196、197、198
自己資本比率　49、180、181、182、183
実質（広義）内部留保　16、199
資本（純資産）　35、39、47、50、59、60、85、117、120、121、122、124、125、179、180、183、184、185
資本利益率　137、138、140、141、146
社内留保率　196、197、198、199
従業員1人当り人件費　240
従業員1人当り生産量　203、204、205、209
従業員1人当り付加価値　205、206、207、208、209、240、241、244
所在地別セグメント情報　226、229
人件費　13、25、79、80、83、87、134、194、197、203、205、207、208、209、210、211、212、213、216、

217、238、239、240、244
趨勢比率　　116、117、118、120、122、124、130
製造原価明細書　　4、13、96、157、158、209、210、211、222
税引前当期純利益　　81、82、84、85、91、94、101、102、105、198
セグメント　　4、96、152、157、210、220、221、222、223、224、225、227、228、229、231、238
セグメント別従業員比率　　230、231
増減率　　116
総資産経常利益率　　16、141
総資本経常利益率　　140、141
損益分岐点売上高　　155、160、161、162、163、164、166
損益分岐点比率　　155、164、165、166
多角化　　15、18、20、45、51、52、96、219、220、221、228、229
多国籍企業　　194、220、222、232、233
棚卸資産　　63、67、77、81、101、102、106、108、116、140、168、169、172、174、207
直接法　　101
当座資産　　63、64、174、175、176、177
当座比率　　15、174、175、176、177、178、179
トヨタ生産方式　　168
内部留保　　3、70、112、121、132、133、143、193、194、195、197、198、199、200、201、203、209、
　　210、214、215、216、217、220、235
内部留保分析　　4、194、203
配当性向　　132、133、196、198
ビッグ・バス効果　　127
百分比率分析法　　15
付加価値　　82、154、203、205、206、207、208、209、212、213、216、217、238、239、240、241、244
ブラック企業　　11、235、236、237、244
フリー・キャッシュ・フロー　　104、111
変動費　　155、156、157、158、159、160、161、162、163、164、165
包括利益　　39、40、60、68、69、74、75、87、90、91、93、94、144、180、181、182、195
包括利益計算書　　13、39、40、69、79、80、87、90、91、93、94
持分法による投資損益　　85、91、106
利益増減分析　　137、147、148、150
流動資産　　59、60、61、63、67、74、75、77、172、173、174、175
流動比率　　171、172、173、174、178
流動負債　　59、60、61、66、74、75、76、77、172、173、174、175、177、178、182、200、201
留保利益　　35、68、90、92
臨時従業員　　18、47、50、116、134、204、206、208
連結株主資本等変動計算書　　194、195、196
労働組合　　3、18、20、22、47、203、215、237
労働分配率　　194、203、208、209、212、213、216、217、238、239、240、241、244

企業分析研究会

企業分析や会計を専門領域とする研究者から構成されている。社会経済的視点を踏まえた現代企業の分析とその方法の探究を目的とした研究会。

現代日本の企業分析──企業の実態を知る方法

2018年3月30日 初版

著　者　企業分析研究会
発行者　田　所　　稔

郵便番号　151-0051　東京都渋谷区千駄ヶ谷4-25-6
発行所　株式会社　新日本出版社
電話　03（3423）8402（営業）
　　　03（3423）9323（編集）
info@shinnihon-net.co.jp
www.shinnihon-net.co.jp
振替番号　00130-0-13681
印刷　亨有堂印刷所　製本　光陽メディア

落丁・乱丁がありましたらおとりかえいたします。
©Kigyoubunseki-kenkyukai 2018
ISBN978-4-406-06239-8　C0034　Printed in Japan

本書の内容の一部または全体を無断で複写複製（コピー）して配布することは、法律で認められた場合を除き、著作者および出版社の権利の侵害になります。小社あて事前に承諾をお求めください。